세상을 바꾼
10권의 책

세상을 바꾼
10권의 책

이케가미 아키라 지음 | 심정명 옮김

The 10 Great Books That Changed The World

싱긋

차례

사람들이 책을 읽지 않는다고 합니다. 그런데 한편으로는
매일같이 많은 양의 책이 쏟아져나오고 있습니다. 책은
넘쳐나는데 읽는 사람은 줄어들고 있습니다. 독서의 미
래가 어두워 보이는 이야기뿐입니다. 하지만 책은 엄청난
힘을 갖고 있습니다. 한 권의 책이 세상을 움직이기도 하
고 세계사를 만드는 일도 종종 있기 때문입니다.

읽은 사람이 내용에 감동하거나 감화를 받거나 위기감을
느끼고 행동으로 옮기면서 사람들을 움직이고 때로는 정
부를 움직여서 새로운 역사를 만듭니다. 이처럼 책은 무
서울 정도로 막강한 힘을 갖고 있습니다.

『성경』과『코란』은 물론『자본론』도……. 이런 책들이 있다
는 것을 알고 있어도 실제로 읽은 사람은 의외로 적지 않
을까요? 오래되어서 읽기 힘들다, 이해하기 어렵다는 등
의 선입견이 책 펴는 것을 망설이게 하겠지요. 하지만 읽

어보면 역동성에 압도당하는 책이 있습니다. 놀라운 주장, 기겁할 만한 내용도 있습니다. 선뜻 책을 펼치기 어렵겠지만 읽다보면 독특한 논리에 푹 빠지게 될 것입니다. 이 책은 그런 책을 딱 열 권만 골라 다루었습니다. 이른바 『세상을 바꾼 10권의 책』. 물론 '세상을 바꾼' 책은 그 밖에도 많이 있겠지만 먼저 제 기준에 따라 마음대로 정해보았습니다. 알아두면 도움이 될 만한 책들입니다.

맨 처음 소개할 책은 『안네의 일기』입니다. 뜻밖이라고 생각하는 독자도 있겠지만 읽어보면 왜 이 책을 다루었는지 알게 될 것입니다.

『성경』을 다룬 것은 그것이 세계 최대 베스트셀러이고 서양 기독교 사회를 형성해왔기 때문입니다. 『구약성경』과 『신약성경』으로 나뉜 이 책은 많은 사람을 신앙으로 이끌었습니다. 많은 경건한 신자를 낳고 평화로운 사회를 만드는 데 도움이 되기도 했지만, '신앙'은 십자군 등의 피비린내 나는 행동을 유발하기도 했습니다. 그리고 서양사회와 이슬람 세계가 대립구조를 이루고 있는 현대 세계를 형성하기도 했습니다.

『구약성경』 가운데에서도 「창세기」의 내용을 과학적으로
부정하는 책이 나왔는데, 바로 찰스 다윈이 쓴 『종의 기
원』입니다. 이로 인해 '진화론'이 등장하고 과학이 크게
발전합니다. 과학책 한 권이 사람들의 의식을 바꾸고 과
학을 발전시켰습니다. 이 역동성에는 가슴이 뛰지만 그래
도 일부 기독교도의 생각은 바꾸지 못했습니다.

여기에서 종교가 지니는 힘이 얼마나 강한지를 다시 한번
깊이 느낍니다. 종교와 책, 어느 쪽이 더 힘이 강할까요?
이들이 똑같은 방향을 향할 때에는 엄청난 상승효과를
가져오지만 방향이 서로 다를 때에는 과연 어느 쪽이 더
우세할까요? 이는 이것대로 재미있는 주제입니다.

그만큼 종교는 강한 힘을 지니고 있습니다. 『성경』이 서양
의 기독교를 바탕으로 정신문명을 세웠다면, 같은 신을
믿는 이슬람교도의 성전 『코란』은 중동에 커다란 영향을
미치며 이슬람 문명을 형성했습니다.

종교가 지닌 힘은 책을 통해 사람들을 몰아세우고 때에
따라서는 극단적인 형태의 운동으로 나타납니다. 그 전

형적인 예가『진리를 향한 이정표』였습니다. 오사마 빈라덴의 극단적인 사상이 어떻게 형성되었는지 그 비밀을 알수 있습니다. 또한 한때 아프가니스탄을 지배했고 지금도 아프가니스탄뿐 아니라 이웃나라 파키스탄에도 일부 영향력을 미치고 있는 탈레반의 사상도 이 책에 쓰여 있는 내용과 비슷합니다.

책의 힘이 이런 형태로 발휘되면 세계에 혼란과 테러를 일으키게 됩니다. 책의 무서움마저 느껴집니다.

종교가 우리의 생활에 생각지도 못한 형태로 영향을 미친다는 사실을 분명히 보여준 책이『프로테스탄티즘의 윤리와 자본주의 정신』이었습니다. 내세의 영원한 삶을 바라는 행동이 탐욕스러운 자본주의 정신을 이루어냈다고 하는 독특한 이론에 놀라게 됩니다. 이 이론은 수학의 증명문제에 나오는 '필요조건과 충분조건'의 관계를 떠오르게 합니다. 기독교도가 "나는 내세에서 구원을 받을 것이다"라는 확신을 얻을 수 있는 충분조건이 없기 때문에 필요조건이라도 만족시키려는 생각으로 열심히 노동을 한다는 이론구조입니다.

이 설명만으로는 이해하기 위한 필요조건조차 만족시키지 못하고 있으므로 자세한 내용은 본문을 읽기를 바랍니다.

막스 베버가 자본주의 정신을 기독교의 프로테스탄트 신앙양식에서 이끌어냈다면, 카를 마르크스는『자본론』으로 자본 자체가 인간을 지배하는 신이 되는 시스템을 설명했습니다. 하지만 이 책은 자본주의의 비인간성을 분명히 밝혔음에도 자본주의를 무너뜨린 뒤의 설계도가 되지는 못했습니다. 이 때문에 사회주의 각국의 정체와 혼란, 부패를 막을 수 없었습니다.

마르크스가 폭로한 자본주의의 악을 이성적인 경제대책으로 억제할 수 있는 길을 보여준 책이 존 케인스의『고용, 이자 및 화폐에 관한 일반 이론』이었습니다. 이후 자본주의는 공황의 공포에서 빠져나올 수 있었습니다. 하지만 아무리 유력한 경제이론이라 해도 모든 문제를 해결할 수 없고 사회경제 구조가 바뀌면 효과도 떨어집니다. 이때 등장한 것이 밀턴 프리드먼의『자본주의와 자유』라는 논쟁적인 책입니다. 읽다보면 '이런 식으로 이론을 정립해

갈 수도 있는가?'라는 놀라움의 연속이 될 것입니다. 찬반양론이 소용돌이쳤던 이유를 알 만합니다. 한편으로는 경제이론의 재미를 맛볼 수 있는 책이기도 합니다. 현대 경제정책 대부분은 케인스와 프리드먼 사이를 오가고 있습니다.

『세상을 바꾼 10권의 책』은 여성지 「CREA」에 실린 연재를 바탕으로 쓰였습니다. 연재중에 도쿄전력 후쿠시마 제일원자력발전소 사고가 일어났습니다. 방사성물질이 널리 퍼지고 사람들은 공포에 떨었습니다. 바로 그런 시기였던 탓에 레이첼 카슨의 『침묵의 봄』을 다루었습니다. 인간의 오만함이 환경을 파괴하고 이는 돌고 돌아 우리의 생활을 무너뜨립니다. 과학의 힘에 대해 인간은 더 겸허해져야 합니다. 이를 가르쳐준다는 점에서 오늘날에도 의의가 있는 책입니다.

이런 책들은 현대를 살아가는 우리에게는 교양의 기초가 되기도 합니다. 앞으로의 삶을 생각하는 데 조금이라도 도움이 된다면 더없이 기쁘겠습니다.

이 책을 읽고 흥미를 느낀 책이 있다면 다음에는 여러분 스스로 읽어보기를 바랍니다.

저널리스트 이케가미 아키라

1

제 장   안 네 의   일 기

Het Achterhuis

안네 프랑크

초판 1947년 네덜란드

안네 프랑크(1929~1945)

약한 사람은
당할 거야.
하지만
강한 사람은
살아남고
결코 지지 않을 거야!

한 소녀의 일기가 국제사회를 움직였다

왜 이 책이 '세상을 바꾸었다'고 하는지 궁금해할 이도 있을 것입니다. 중동문제의 방향에 커다란 영향력을 미치고 있기 때문이라는 것이 나의 대답입니다.

1948년 5월 아랍인이 많이 살고 있는 팔레스타인 땅에 유대인 국가인 이스라엘이 세워졌습니다. UN이 '우리의 국가를 세우고 싶다'는 유대인들의 간절한 바람을 받아들여 팔레스타인을 '유대인의 나라'와 '아랍인의 나라'로 나누는 안을 채택한 데 근거해서였습니다. 여기서부터 중동문제가 시작됩니다.

이스라엘은 이스라엘 건국에 반대하는 주변 아랍 국가들과의 전쟁을 되풀이한 끝에 UN이 채택한 '유대인의 나라'의 범위를 넘어 팔레스타인 전역을 점령했습니다. 이에 아랍 각국이 반발하여 중동문제는 점점 더 꼬이게 됩니다. 하지만 아랍 국가들을 제외한 국제사회는 이스라엘에 그다지 강경한 태도를 취하려 하지 않습니다. 제2차세계대전중 나치 독일에 의해 600만 명의 유대인이 희생되었음을 알고 있기 때문입니다.

이는 안네 프랑크와 그녀가 남긴 『안네의 일기』가 말해주고 있습니다. 『안네의 일기』를 읽은 사람들은 유대인이라는 이유로 미래를 빼앗긴 소녀 안네의 운명에 눈물짓습니다. 『안네의 일기』를 읽으면 이스라엘이 아무리 UN 결의에 어긋나는 행동을 할지라도 강한 태도를 취하기 힘듭니다.

이스라엘이 지금도 존속하고 중동에서 확고한 위치를 차지한 데는 『안네의 일기』가 있었기 때문이라는 것이 나의 생각입니다.

아랍 국가들에는 별로 알려져 있지 않다

몇 해 전 이집트 카이로 대학에서 일본어를 배우는 학생들과 이야기를 나눈 적이 있습니다. 물론 일본어로요.

이때 『안네의 일기』 이야기를 꺼냈는데, 이 책을 알고 있는 학생들이 아무도 없었습니다. 이 책은 세계 70개 이상의 언어로 번역되어 있습니다. 아랍어판도 있는데, 학생들은 읽지 않았을뿐더러 이런 책이 있는지조차 모르고 있었습니다.

이스라엘을 세운 유대인에 대한 반감이 있어서인지 아랍 국가들에서는 널리 읽히지 않는다는 사실을 이때 알게 되었습니다. 그래서 나는 학생들에게 이렇게 설명했습니다. "여러분은 왜 아랍 국가들을 제외한 국제사회가 이스라엘을 옹호하는지 의문스러워할지도 모르겠지만, 그건 이 책이 있기 때문입니다." 책 내용을 모르는 학생들은 어리둥절해했지만요.

『안네의 일기』는 1947년에 네덜란드어판이 출판된 뒤 일본어로도 번역되었지만 처음 나온 책은 그녀의 아버지가 크게 수정한 것으로 밝혀졌습니다. 현재는 안네가 쓴 원본의 번역판이 나와 있습니다.

아쿠타가와상 수상작인『소녀의 밀고』의
소재가 되기도

2010년 제143회 아쿠타가와상을 받은 작품은 아카조메 아키코(赤染晶子)의『소녀의 밀고乙女の密告』였습니다. 이 장에서 살펴보는 주제도『안네의 일기』입니다.

『소녀의 밀고』는 교토에 있는 외국어 대학을 무대로 독일인 교수에게『안네의 일기』한 구절을 외우라는 과제를 받은 여학생들의 행동을 그리고 있습니다. 독특한 독일어 교수의 세미나에 참석한 사람은 모두 여학생들인데, 교재로『안네의 일기』를 쓰기 때문입니다. 아카조메 씨는 이렇게 씁니다. "소녀들에게 가장 인기 있는 책이다"라고.

주인공 '미카코'가 기억하는 안네는 분명 "가련한 소녀", "로맨틱한 비극의 여주인공"이었는데, 독일인 교수 때문에 외우게 된 구절을 읽으면서 그녀는 또다른 안네를 만납니다. 점차 유대인임을 깨닫게 되는 안네의 모습이었습니다.

『안네의 일기』가 나오기까지

안네 프랑크는 1929년 6월 12일 독일 프랑크푸르트의 유복한 독일계 유대인 가정에서 아버지 오토, 어머니 에디트의 둘째 딸로 태어납니다. 안네에게는 세 살 많은 언니 마르고트가 있었습니다.

1933년 1월 나치스를 이끄는 히틀러가 수상이 되고 유대인에 대한 탄압이 심해지자 프랑크 일가는 박해를 피해 네덜란드 암스테르담으로 이주합니다.

아버지 오토 프랑크는 프랑크푸르트에서 은행을 경영하고 있었지만 이를 포기합니다. 그는 암스테르담에서 잼을 만들 때 쓰이는 펙틴을 만드는 회사를 세웠습니다. 하지만 네덜란드도 안심할 수 있는 곳은 아니었습니다. 1940년 5월 독일은 네덜란드를 공격하여 점령했습니다. 네덜란드 여왕과 정부 각료는 영국으로 망명했습니다.

네덜란드에서도 유대인 탄압이 시작됩니다. 1942년이 되자 네덜란드 내에서도 유대인들에게 잇따라 소환장이 날아들기 시작합니다. 소환에 응해 나가면 그대로 강제수용소로 보내져 두 번 다시 돌아오지 못했습니다.

그해 7월 안네의 언니 마르고트에게 소환장이 온 것을 계기로 프랑크 일가는 도망가기로 합니다. 아버지가 경영하던 펙틴 제조회사 사무실이 있는 건물 뒤쪽의 삼층과 사층을 은신처로 삼아 생활하게 됩니다.

사무실과 은신처 사이의 비밀 통로는 책꽂이로 감추었습니다. 사무실에서 일하는 사무원 미프 히스 등이 프랑크 일가를 숨겨주고 식료품을 사다주면서 도와주었습니다. 사무실에서 일하는 직원 가운데에는 이 사실을 모르는 사람들도 있었기 때문에 그들에게 들키지 않고 살아가는 생활이 시작되었습니다.

안네 가족이 은신처로 몸을 숨긴 지 일주일 뒤에 지인인 판 펠스 일가 세 명이 합류했고, 넉 달 뒤에는 지인이자 치과의사인 프리츠 페퍼가 함께했습니다. 총 여덟 명이 은신처에서 생활하기 시작했습니다.

안네는 그보다 전인 1942년 6월 12일 열세 살 생일에 부모님이 선물한 일기장에 네덜란드어로 일기를 쓰기 시작했습니다. 그녀는 은신처 생활을 하게 된 뒤에도 일기를 계속 썼습니다.

1944년 3월 런던에 있던 네덜란드 망명정부의 교육부 장관이 네덜란드를 향한 라디오 방송에서 전쟁이 끝나면 전쟁중에 쓰인 일기나 편지를 모아 출판해야 한다고 호소했습니다. 이 방송을 들은 안네는 그때까지 썼던 일기를 바탕으로 나중에 출판할 것을 염두에 두고 일기를 거듭 고치며 쓰기 시작합니다. 이다음에 출판할 때 붙일 제목을 『은신처』라고 미리 정해두기도 합니다. 훗날 실제로 이 제목으로 출판되었습니다. 『안네의 일기』 원제는 『은신처』입니다. 이 일기는 원본과 출판본이라는 두 종류의 원고가 있습니다.

하지만 1944년 8월 4일에 누군가의 밀고를 받고 온 독일 친위대와 네덜란드 보안경찰은 일가를 체포해 강제수용소로 보냅니다. 열세 살부터 열다섯 살까지 써내려간 일기는 여기서 중단되었습니다.

일가가 체포, 연행된 뒤에 그들을 숨겨주었던 미프 히스가 안네의 일기장을 발견합니다. 그녀가 이 일기장을 몰래 숨겨둔 덕분에 우리가 안네의 일기를 읽을 수 있게 됩니다.

일기 일부를 삭제하고 출판하다

강제수용소로 끌려간 여덟 명 가운데 전쟁이 끝날 때까지 살아남은 사람은 안네의 아버지 오토 프랑크뿐이었습니다. 1945년 6월 오토 프랑크는 암스테르담의 은신처로 돌아옵니다. 강제수용소에서 가족이 뿔뿔이 흩어져 생사를 몰랐던 아버지는 딸들이 돌아오기를 계속 기다렸지만 결국 안네를 비롯한 가족의 사망 소식을 듣게 됩니다. 그래서 미프 히스는 안네에게 돌려주기 위해 갖고 있던 일기장을 아버지에게 건네줍니다.

안네의 일기를 읽은 아버지가 이 내용을 지인들에게 전하면서 출판하려는 움직임이 시작했습니다. 아버지 오토는 일기에 묘사된 어머니와의 갈등이나 성적 표현 따위를 삭제한 출판본을 만듭니다. 이것이 1947년에 출간되자 폭발적인 인기를 얻으며 각국 언어로 번역되어 눈 깜짝할 사이에 세계로 퍼져나갔습니다.

하지만 안네가 쓴 내용이 모두 실리지 않았다는 사실이 알려지면서 아버지와 출판사가 '검열'했다는 비판이 쏟아졌고, 1986년에 이르러 안네의 원본 일기(발표를 전제로 퇴고한 것)가 출판되었습니다.

나도 소학교에 다닐 때 『안네의 일기』를 읽었는데, 그것은 아버지가 편집한 책이었습니다. 그때는 청순한 소녀의 일기라는 인상을 받았습니다. 하지만 이번에 다시 증보 개정판을 읽어보니 안네가 지인들을 가차없이 비판하는 부분이나 어머니와의 정신적 갈등, 성적 묘사가 눈에 띄는 것이 그저 '청순한 소녀'가 아닌 그 나이대의 평범한 소녀의 모습이 두드러집니다.

유대인은 왜 차별을 받았나

『안네의 일기』를 처음 읽은 소학생 때 나는 왜 유대인은 차별을 받을까 하고 궁금했습니다. 일본에는 나처럼 생각하는 사람이 많지 않을까요? 일본에 사는 유대인은 소수여서 유대인 차별을 잘 느끼지 못합니다.

처음 시작은 『신약성경』으로 거슬러올라갑니다. 『신약성경』을 구성하는 네 복음서 가운데 하나인 「마태복음」에 다음과 같은 일화가 나오기 때문입니다.

예수는 유대교 개혁운동을 하는 바람에 원한을 사게 되어 사형 판결을 받았습니다. 그가 십자가에 매달리게 되자 당시 로마제국에서 파견된 총독 빌라도는 몰려든 유대인들에게 예수를 십자가에 매달 필요가 있냐고 묻습니다. 빌라도는 마음속으로 예수를 사형에 처하고 싶지 않았기 때문입니다. 그러자 사람들은 저마다 "예수를 십자가에 매달라"고 외칩니다. "그 피의 책임은 우리와 자손들에게 있다"고 하면서요(신공동역에 따름, 한국어 개역 개정판에 따르면 "십자가에 못박혀야 하겠나이다", "그 피를 우리와 우리 자손에게 돌릴지어다"―옮긴이). 즉 예수를 사형에 처했다는 이유로 그 응보가 설령 자손들에게 미친다 해도 개의치 않는다고 했다는 것입니다.

이 구절 때문에 유럽 기독교도 가운데에는 예수를 죽인 사람들의 자손은 보복을 받아 마땅하다고 생각하는 사람들이 있습니다. 그 결과 유럽으로 건너온 유대인에 대한 이유 없는 차별이 이루어집니다. 유대인들은 취직하기도 힘들었습니다. 중세 유럽에서는 대부업을 비천한 직업으로 여기고 차별했는데, 유대인들은 이렇게 차별받는 직업 외에는 다른 직업을 가질 수 없었습니다. 어렵게 얻은 직업이다보니 열심히 일합니다. 차별받는 사람들끼리 네트워크도 발달합니다. 그 결과 유대인들이 금융업에 성공해 큰 부자가 되기도 합니다. 그러자 가난한 기독교도들로부터 점점 더 미움을 받게 됩니다.

또 이국땅으로 건너간 유대인들은 신앙을 버리지 않았습니다. 기독교 사회에 있으면서도 유대교도들끼리 모여 유대교 행사를 계속 지켜나갔습니다. 기독교도가 보기에는 그런 행동들이 유대인이 몰래 모여 있는 것처럼 보였고 유대인이 음모를 꾸미고 있는 것은 아닐까 하는 의심을 품게 됩니다. 이른바 '유대인 음모론'이 생기게 됩니다.

제1차세계대전에 패배하여 거액의 배상금을 떠안은 독일인들은 생활하기가 힘들었습니다. 이때 정치가는 '적'을 만들어 "당신의 생활이 힘든 이유는 적의 음모 때문이다"라고 주장함으로써 지지를 넓힐 수 있습니다. 이를 실행한 사람이 아돌프 히틀러였습니다. 그는 자국 내에 '적'을 만듭니다. 그것이 유대인이었습니다. 독일은 아리아인이라는 우수한 민족인데 유대인들로부터 멸시를 당하고 있다. 유대인의 씨를 말려 아리아인 국가로 순화할 필요가 있다. 히틀러는 이렇게 호소하여 지배를 확립했습니다.

경제 상태가 악화되어 실업률이 높아지고 민중의 불만이 높아지면 '적'을 만들어 민중의 지지를 얻는 정치 세력이 생기기 쉬워집니다. 이는 나치 독일만이 아닙니다.

'친애하는 키티'라고 불린 일기장

소녀 안네는 이 같은 정치에 이용당했습니다. 열세 살 생일에 부모님에게 선물 받은 일기장. 그녀는 이 일기장에 키티라는 이름을 붙이고 하루하루의 생활과 자신의 마음속 이야기를 숨김없이 털어놓습니다.

일기의 첫머리는 다음 문장으로 시작됩니다.

너에게라면 지금까지 아무에게도 털어놓지 못했던 일을 뭐든지

이야기할 수 있을 것 같아. 부디 나를 위해 커다란 마음의 지지
를 보내주고 위로가 되어주렴.

그 말 그대로였습니다. 이후 '키티'는 안네의 마음을 지지
해주고 그녀에게 크나큰 위로가 됩니다.

당시 유대인 차별은 나날이 심해져 유대인 아이들은 일반
학교를 다닐 수 없어집니다. 안네도 유대인 중학교에 다
녔습니다. 일기에는 당시의 동급생에 관한 강렬한 묘사가
나옵니다. 이를테면 성적이 우수한 반 친구에 대해서는
"공부는 무척 잘하지만, 그건 공부만 들이파기 때문이지
머리는 그렇게 좋지 않아"(1942. 6. 15)라는 식으로요.
아주 친한 친구에 대해서는 다음과 같이 표현합니다.

일단은 나의 가장 친한 친구라고 되어 있지만, 사실대로 말하면
난 아직 진정한 친구를 가져본 적이 없어.(1942. 6. 15)

안네가 너무나도 가혹하게 묘사하는 대상에 대해서는 책
으로 펴낼 당시 편집자의 판단으로 이니셜을 썼습니다.

J. R에 대해서는 몇 장(章)을 써도 모자랄 지경이야. 어쨌든 자만
이 심하고, 남을 험담하기 좋아하고, 짓궂고, 거들먹거리고, 음흉
하고, 위선자야.(1942. 6. 15)

이거 참, 이런 식의 표현에서 안네가 어린 소녀임을 엿볼
수 있지요. 하지만 커가면서 일기 문장은 크게 변화해갑
니다. 『안네의 일기』는 열세 살에서 열다섯 살까지 쓴 감
수성이 풍부한 소녀의 성장 기록이기도 합니다. 자, 여러
분의 중학생 시절은 어땠습니까? 자신의 과거와 비교하면
서 읽는 것도 한 방법입니다.
안네의 가차없는 필치는 은신처에서도 무뎌지지 않습니
다. 동거생활을 함께하게 된 사람들에 대한 비판은 어떤
때는 격하고, 또 어떤 때는 동정으로 가득한 표현으로 바
뀝니다. 은신처에서 오랫동안 생활하는 정신적 스트레스
로 괴로워하면서 필치도 바뀌는 것이지요.

어머니에 대한 강한 반항심

『안네의 일기』 증보 개정판에서 눈여겨볼 부분은 어머니
에 대한 강한 반항심입니다. 아버지 오토가 이 부분을 빼
고 출판한 마음이 이해가 됩니다. 이를테면 다음과 같은
표현입니다.

하여튼 엄마는 못 참겠어. 엄마 앞에서는 그저 나를 누르고 매번
거친 말로 대꾸하지 않도록 참아야만 해. 그렇게 하지 않으면 엄
마 뺨을 때릴지도 모르니까. 어째서 이렇게까지 엄마를 싫어하게
되었는지 나도 정말 모르겠어.(1942. 10. 3)

일기에서는 기회가 있을 때마다 어머니에 대한 반감을 기
록하는 한편, 아버지에 대한 사랑을 이야기합니다.

언젠가 엄마가 죽는다면 쉽게 상상할 수 있지만, 만일 그게 아빠
라면, 언젠가 아빠가 죽는다니 상상도 할 수 없어. 무척 지독한
말이기는 하지만 이건 진심이야.(1942. 10. 3)

어머니에 대한 사춘기의 마음. 이 또한 평범한 소녀의 실
제 모습인 걸까요?

성에 눈뜨다

사춘기는 성에 눈을 뜨는 시기이기도 합니다. 열두 살 때
안네는 친구에게서 아기가 어떻게 태어나는지 설명을 듣
습니다. 다음과 같은 단적인 표현으로요.

완성품이 나오는 곳은 당연히 원료를 집어넣은 곳이지!(1944. 3. 18)

이렇게 성에 눈뜨기 시작할 때 안네는 은신처에서 지내는
이상한 생활을 시작합니다. 성에 눈을 뜬 데 대해 안네는
'키티'에게 솔직하게 이야기합니다.

중요한 뉴스 전하는 걸 잊었어. 곧 초경을 시작할지도 모른다는
거야. 요사이 팬티에 끈적끈적한 게 묻어서 깨달았는데, 엄마가

이야기해주셨어. 무척 중요한 일이라고 하니까 시작이 너무나 기다려져. 딱 하나 곤란한 건 생리대를 쓸 수 없다는 거야. 이제는 구하기도 힘들고, 그렇다고 엄마가 쓰는 작은 마개 같은 건 아기를 낳아본 여자들밖에 못 쓰니까.(1942. 11. 2)

참고로 이 글에서 여성용 생리용품인 '안네 생리대'가 생겨났습니다. 당시 스물일곱 살이던 사카이 야스코(坂井泰子) 씨가 『안네의 일기』를 읽고 안네와 같은 처지에 놓인 소녀들도 손쉽게 쓸 수 있는 생리용품을 만들기로 하고 일본에서 처음으로 종이를 쓴 생리대를 개발했습니다.

1961년 '안네 생리대'가 출시됩니다. 회사 이름도 '안네 주식회사'입니다. 이 제품은 여성들의 환영을 받으며 널리 쓰였는데, 여기에서 유래해 생리를 은어로 '안네의 날'이라고도 불렀습니다. 안네 생리대는 1991년에 생산이 종료되었고 안네 주식회사는 1993년에 라이온에 흡수 합병되었습니다.

봄이 싹트다

내 몸에서 일어나고 있는 일은 근사한 것 같아. 그저 겉으로 드
러나는 몸의 변화뿐 아니라 내면에서 일어나는 일 전부가. ……
생리가 있을 때마다(물론 지금까지 딱 세 번뿐이었지만) 귀찮기도 하
고 불쾌하고 성가시지만 아름다운 비밀을 간직하고 있는 느낌이
들어. 어떤 의미에서는 번거로운 일일 뿐인데, 그럴 때마다 이 내
적인 비밀을 경험할 수 있기를 손꼽아 기다리는 것도 그 때문일
거야.(1944. 1. 6)

자신의 몸이 나날이 변화해간다는 것. 그와 함께 정신도
성장해간다는 것. 안네는 소녀에서 여성으로 성장해가면
서 가까운 남성의 존재를 깨닫습니다. 그 사람이 페터였
습니다.
페터는 안네보다 세 살 더 많았습니다. 같이 사는 판 펠
스가의 외아들이었습니다.
페터의 첫인상이 결코 좋지 않았던 모양입니다.

페터에 대해서만은 여전히 좋아지지 않아. 정말이지 따분한 애라서 하루의 절반은 빈둥대며 침대에 누워 있을 뿐이야. 심부름으로 목수 일을 조금 하는가 하면, 또 금세 잠자리로 돌아가서 낮잠. 뭐 이런 바보가 다 있담!(1942. 8. 21)

이런 식으로밖에 의식하지 않던 페터를 이윽고 남성으로 보게 됩니다.
어느 날이었습니다. 심심해하던 안네는 페터의 방을 찾아가 함께 크로스워드 퍼즐을 풉니다.

문득 얼굴을 들어 그 아이의 깊고 푸른 눈을 들여다보고 생각지도 못한 나의 방문에 그 아이가 당황하는 모습을 보니 내 안에서 이상한 느낌이 들었어. 왠지 그 아이의 마음을 읽을 수 있었던 거야. 그 아이의 표정에서 곤혹스러움과 어떻게 행동하면 좋을지 모르겠다는 자신 없음, 그리고 동시에 희미하게 엿보이는 남성의식 같은 걸 느낄 수 있었어. 그 아이의 서툴고 내성적인 태도를 보고 있으니 어쩐지 나는 무척 다정한 마음이 들어서 이렇게 말하고 싶은 충동에 시달렸어. 얘, 뭐든 좋으니까 너 자신에 대해

이야기해주지 않을래?(1944. 1. 6)

그리고 한 달 뒤.

사실은 무척 기쁘게도(여기에 대해서는 뭐든지 정직하게 이야기할 생
각이야) 일요일 아침부터 페터가 줄곧 내 쪽을 보고 있는 걸 눈치
채고 있었어. 평범한 의미에서가 아니야. …… 나는 애써 스스로
를 진정시키며 그렇게 자주 그 아이 쪽을 보지 않으려 했지. 왜
냐하면 내가 그쪽을 보면 그쪽도 나를 보고 있으니까. 그러다 눈
이 마주치면…… 글쎄, 그럴 때마다 뭔지 모를 따뜻한 감정이 몸
속에 흐르는 거야. 이건 그렇게 자주 경험할 수 있는 감정이 아
니야.(1944. 2. 14)

삼 주 뒤.

고백할 게 있는데, 지금의 난 사실 그 아이를 만나는 것만을 목
적으로 살고 있어. 아침부터 밤까지 그 아이도 날 기다려줄까. 이
것만을 알고 싶다고 빌고, 그 아이 쪽에서 수줍어하면서 다가오

는 기색이 조금이라도 느껴지면 그럴 때마다 가슴이 뛰어.(1944. 3. 6)

그리고 마침내 '그날'이 찾아옵니다. 1944년 4월 15일이었습니다.

이 일을 안네는 다음날 일기에 쓰고 있습니다. 당일에는 너무나 흥분하여 글을 쓸 수 없었던 것일까요? 다음날 일기에는 다음과 같이 쓰여 있습니다.

어제 날짜를 기억해둬. 내 생애에서 무척 중요한 날이니까. 물론 어떤 여자애에게도 처음 키스를 받은 날은 기념할 만한 날이겠지?

그날 무슨 일이 있었을까요? 여기에는 쓰지 않기로 하겠습니다. 여러분이 직접 확인해보세요. 분명 먼 옛날(실례!)의 달곰쌉쌀한 추억이 떠오르겠지요.

'유대인'으로 성장해가는 안네

아카조메 아키코가 쓴 『소녀의 밀고』에서 '미카코'는 이 장면이 가장 중요하다고 말합니다. 그런데 독일인 교수가 지적한 곳은 전혀 다른 부분이었습니다. 바로 1944년 4월 9일입니다.

그날은 은신처로 이어지는 사무실에 도둑이 드는 소동이 벌어져 경찰관이 은신처 비밀 문 앞까지 옵니다. 은신처가 발각되면 모든 것이 끝입니다. 이 위기 속에서 안네는 자신들이 유대인임을 뼈저리게 느낍니다. 유대인임을 스스로 깨닫게 된 것이지요.

우리는 쇠사슬로 묶여 한곳에 매여 있는 유대인이고, 어떤 권리도 없이 그저 의무만을 산처럼 짊어지고 있어. 우리 유대인은 결코 감정을 밖으로 드러내서는 안 돼. 늘 용감하고 강하게 살며 모든 부자유를 견디고 결코 불평해서는 안 돼. 우리 자신의 힘으로 할 수 있는 모든 일을 하고 나머지는 신에게 맡겨야 해. 언젠가는 이 끔찍한 전쟁도 끝나겠지. 언젠가는 분명 우리가 그냥 유대인이 아니라 한 사람의 인간이 될 수 있는 날이 올 거야.

우리가 이런 갖가지 고난을 끝까지 견뎌내서 이윽고 전쟁이 끝났을 때 아직 유대인이 살아남아 있다면, 그때야말로 유대인은 파멸의 운명을 짊어지고 태어난 민족이 아니라 세상의 모범으로서 칭송을 받겠지. 어쩌면 전 세계인들, 전 세계 민족이 우리의 신앙에서 좋은 것을 배우려고 할 수도 있어. 그리고 이를 위해, 오로지 이것만을 위해 지금 우리는 고통을 겪어야 한다고 생각할 수도 있어. 우리는 결코 평범한 네덜란드 국민이나 평범한 영국 국민, 아니 그 어떤 다른 국민도 되지 못할 거야. 우리는 늘 유대인인걸. 우리는 늘 유대인일 수밖에 없고 또 그걸 바라고도 있어.

신은 결코 우리 유대인을 버린 적이 없어. 수많은 시대를 거치는 동안 유대인은 살아남았어. 그동안 줄곧 고통을 겪어야 했지만, 동시에 그러면서 강해지는 법도 배웠지. 약한 사람은 당할 거야. 하지만 강한 사람은 살아남고 결코 지지 않을 거야!(1944. 4. 11)

어떻습니까? 여러분이 생각하고 있던 안네 프랑크의 이미

지와는 전혀 다른 인간의 모습이 등장하고 있지는 않습
니까? 가련한 소녀 안네가 아니라 강한 유대인 여성 안네
프랑크의 탄생입니다. 수없이 많은 고난을 견뎌온 유대
민족의 강함과 긍지는 여기서 비롯되는 것이지요.

그리고 일기가 끝나는 날이 왔다

성에 눈을 뜨고, 사랑에 눈을 뜨고, 유대인으로서 눈을
뜬 안네. 이런 그녀의 일기가 끝나는 날이 옵니다. 1944년
8월 1일로 일기는 끝이 납니다. 그 사흘 뒤 일가는 독일
친위대와 네덜란드 보안경찰에 체포되어 강제수용소로
끌려갔습니다.

안네와 언니 마르고트는 폴란드의 아우슈비츠 강제수용
소로 보내져 전쟁이 끝나기 직전인 1945년 2월 말 또는
3월에 영양실조로 인한 건강 쇠약과 장티푸스로 인해 세
상을 떠났습니다. 안네가 사랑한 페터는 안네와 떨어져
오스트리아의 마우트하우젠 수용소로 이송되었습니다.

그는 그곳에서 5월 5일에 숨을 거둡니다. 연합군이 이 수용소를 해방시킨 바로 그날이었습니다.

안네는 체포되기 석 달 전에 일기에 다음과 같이 썼습니다.

내 가장 큰 바람은 장래에 기자가 되었다가 저명한 작가가 되는 거야. …… 전쟁이 끝나면 먼저 『은신처』라는 제목의 책을 쓰고 싶어. 잘 쓸 수 있을지 모르겠지만 이 일기가 그걸 위한 큰 도움이 되겠지.(1944. 5. 11)

안네의 바람은 이루어졌습니다. 단, 그녀가 죽은 뒤에. 2009년 8월에 유네스코(UN 교육과학문화기구)는『안네의 일기』를 귀중한 문서나 자료 보존을 목적으로 하는 '세계기록유산'에 등재했습니다. 유네스코는 이 책이 "세계에서 가장 많이 읽힌 열 권 가운데 하나"라고 평가합니다. 안네는 1944년 4월 5일 일기에 다음과 같이 쓰기도 합니다.

나는 세상 사람들 대다수처럼 그저 목적 없이 타성적으로 살고 싶지는 않아. 주위의 모든 사람에게 도움을 주는, 아니면 모든 사람에게 기쁨을 주는 존재이고 싶어. 내 주위에 있으면서도 실제로 나를 모르는 사람들에게도. 내 바람은 죽어서도 계속해서 사는 거야!

그렇습니다. 안네는 죽어서도 우리 마음속에 계속해서 살아 있습니다. 그리고 세계의 역사를 바꾸는 존재가 되었습니다. 그러나 나는 '하지만'이라고 생각하지 않을 수 없습니다.『안네의 일기』가 있었던 덕분에 이제 막 세워진 이스라엘은 세계 여론의 축복을 받고 살아남을 수 있었겠지요. 안네가 일기에 "강한 사람은 살아남고 결코 지지 않을 거야"라고 썼던 것처럼 말이지요.

하지만 팔레스타인에서 이스라엘 정부에 의해 벽에 둘러싸인 채 살아가는 사람들 가운데에도 일기를 쓰고 있는 소녀가 있지 않을까요? 그 소녀는 이스라엘군의 행동에 겁을 먹는 자신들에 대해 일기장에 이야기하고 있을지도 모릅니다.

중동 세계는『안네의 일기』의 영향으로 크게 바뀌었습니

다. 하지만 그 일로 고통받는 아이들이 있는 것도 사실입니다.

만일 안네가 이 사실을 안다면 그녀는 어떤 일기를 썼을까요?

출전

アンネ・フランク著, 深町眞理子訳『アンネの日記 増補新訂版』(文春文庫);
『안네의 일기』는 한국에도 많이 번역되어 있다. 번역은 영어판을 참조하되 저자의 의도에 충실을 기하기 위해 가능한 한 이 책에서 인용한 내용을 따랐다. 참고로 인용된 일기의 날짜를 확인하여 병기해두었다.

참고문헌

マティアス・ハイル著, 松本みどり訳, 『永遠のアンネ・フランク』(集英社);
Matthias Heyl, *Anne Frank*, Rowohlt Taschenbuch Verlag, 2002.
赤染晶子, 『乙女の密告』(新潮文庫)

제2장 성경

The Bible

성경

웨일스 카디프의 세인트 존 침례교회에 있는 예수 그리스도 상
(스테인드 글라스)

죄 사함을
얻게 하려고
많은 사람을 위해
흘리는바 나의 피,
곧 언약의 피이니라.

서양문화의 기초를 세웠다

세계에서 가장 많이 읽힌 책으로 유명한 『성경』.

누구나 그 존재를 알지만 일본인의 경우 제대로 읽은 사람이 얼마나 될까요?

미국과 유럽에서는 『성경』에 나오는 고사를 바탕으로 신문이나 잡지의 기사 제목, 책 이름 등에 많이 쓰입니다.

미국의 정치가도 발언할 때 『성경』을 종종 인용합니다. 뭐니뭐니해도 기독교 신자 수가 세계에서 가장 많기 때문입니다. 신자가 전 세계 22억 5,000만 명이라고 하니 세 명 가운데 한 명이 신자인 셈입니다.

중동에서 탄생한 기독교가 유럽 세계로 퍼져나가 선교사들을 통해 아프리카나 남아메리카에도 널리 퍼집니다. 유럽의 박해에서 벗어난 기독교도는 미국에 '신의 나라'를 세우려 했습니다.

한편, 유럽의 기독교도들은 '십자군'을 통한 중동 원정을 되풀이하여 이슬람교도와의 대립이 점점 깊어졌습니다. 이는 기독교 문명과 이슬람 문명의 대립으로서 지금까지

이어지는 역사입니다.

세계사와 서양문화를 이해하려면『성경』의 기초를 알아둡

시다.

『성경』에는 두 종류가 있다

『성경』이 『구약성경』과 『신약성경』으로 되어 있다는 것은

알고 있지요? 하지만『구약성경』의 '구약(旧約)'을 '구역(旧

訳)'(일본어에서는 '규야쿠'로 발음이 똑같다―옮긴이)으로 잘

못 알고 있는 사람들이 의외로 많은데, 여러분도 그렇습

니까?

'구역'은 오래된 번역이라는 의미이지만 '구약'은 '오래된

계약'이라는 뜻입니다. 이는 기독교도 입장에서 본 말입

니다. 원래『구약성경』은 유대교의 성전입니다. 그뒤 예

수 그리스도가 태어나 인간과 신 사이에 새로운 계약이

맺어졌다고 생각하는 기독교도가 예수 그리스도의 언행

등을 모아서 정리한 복음서를 편집해『신약성경』(새로운 계

약의 성서)을 만듭니다. 이와 비교해 기존의 유대교도 성전을 『구약성경』(오래된 계약의 성서)이라 불렀습니다. 그래서 유대교도에게 『구약성경』이라고 하면 기분 나빠할 때가 있습니다.

『구약성경』은 유대교도, 기독교도 모두에게 성전이지만 『신약성경』은 기독교도만의 성전입니다. 모두 유일신이 이 세계를 창조했다고 하는 '일신교'입니다.

유대인에게는 율법서

유대인은 『구약성경』으로 묶인 성전 가운데 맨 앞부분의 모세오경을 '율법(토라)'이라 부릅니다. 일찍이 유대 민족이 이집트에서 노예로 지낼 때 신은 모세를 지도자로 선택해 그들이 이집트에서 탈출할 수 있게 돕습니다(출애굽). 탈출하는 도중에 신은 유대 민족에게 지켜야 할 '십계'를 내리고 '가나안 땅'을 주었습니다. 이것이 유대 민족과 신의 계약입니다. 유대인(유대교도)은 '신의 선택을 받은 민족'으로서 신의 가르침을 따르며 생활해왔습니다.
이런 사상과 행동을 뒷받침하는 것이 '율법'입니다.

이에 반해 예수는 유대인으로 태어났지만 머지않아 유대
교 개혁운동을 시작합니다. 이를 계기로 일부 유대교도
의 화를 사서 십자가에 매달려 죽임을 당합니다.

유대교에는 '구세주' 사상이 있습니다. 세계의 종말이 오
기 전에 구세주가 이 세상에 내려와 사람들을 구원해준
다는 사상입니다. 예수를 따르던 사람들은 예수가 죽은
뒤에 "예수야말로 구세주(그리스도)"라고 여기며 예수가
살아 있는 동안에 한 말을 널리 전하려 합니다. 이 종교
운동을 기독교라 부르게 됩니다.

예수는 십자가에 매달리기 전날 최후의 만찬에서 "죄 사
함을 얻게 하려고 많은 사람을 위해 흘리는바 나의 피, 곧
언약의 피이니라"(『마태복음』)라는 말을 합니다. 이는 원죄
를 지은 인류를 위해 예수가 죽음으로써 인류에게 구원을
가져다주는 '새로운 계약'이 맺어졌다는 뜻으로 받아들여
졌습니다. 여기서 '새로운 계약'이라는 개념이 생겨납니다.

기독교를 널리 퍼뜨리기 위해서는 성전이 필요합니다. 그

래서 예수가 죽고 오랜 시간이 지난 뒤 예수의 언행을 기록하여 '복음서'(좋은 소식이 담긴 책)로 정리해 『신약성경』이 탄생했습니다. 『구약성경』은 대부분 헤브라이어(일부는 아람어)로 썼었고 『신약성경』은 그리스어로 썼었습니다. 예수가 유대인이어서 아람어로 이야기했으리라 여겨집니다. 그리스어는 하지 못했을 테지만 『신약성경』은 기독교가 그리스어권으로 확대되는 과정에서 정리되었기 때문에 그리스어로 썼었습니다.

『구약성경』은 총 39권

총 39권으로 구성된 방대한 양의 『구약성경』은 크게 4부로 나뉩니다. 천지창조나 아담과 이브 이야기가 대표하는 「창세기」를 포함한 '모세오경'과 문학서, 역사서, 예언서입니다. 그 가운데 「창세기」는 잘 알려져 있습니다.

처음에 신은 천지를 창조하셨다. 땅은 혼돈이었고 어둠이 심연의

표면에 있으며 신의 영이 수면에서 움직이고 있었다. 신은 말씀
하셨다.

"빛이 있으라."

그리하여 빛이 있었다. 신은 빛을 보고 만족하셨다. 신은 빛과 어
둠을 나누어 빛을 낮이라 부르고 어둠을 밤이라 불렀다. 저녁이
있고 아침이 있었다. 첫번째 날이다.

("태초에 하나님이 천지를 창조하시니라. 땅이 혼돈하고 공허하며 깊음
위에 있고 하나님의 영은 수면 위에 운행하시니라. 하나님이 이르시되
빛이 있으라 하시니 빛이 있었고 빛이 하나님이 보시기에 좋았더라. 하
나님이 빛과 어둠을 나누사 하나님이 빛을 낮이라 부르시고 어둠을 밤이
라 부르시니라. 저녁이 되고 아침이 되니 이는 첫째 날이니라.")

이렇게 신은 천지를 창조합니다. 여섯번째 날이 되자 마
침내 인간을 만듭니다.

신은 자신의 모습을 본떠 인간을 창조하셨다.

신의 모습을 본떠 창조하셨다.

남자와 여자로 창조하셨다.

신은 그들을 축복하시어 말씀하셨다.

"낳으라, 번식하라, 땅을 채우고 땅을 복속시켜라. 바다의 물고기, 하늘의 새, 땅 위를 기는 생물을 모두 지배하라."

("하나님이 자기 형상, 곧 하나님의 형상대로 사람을 창조하시되 남자와 여자를 창조하시고 하나님이 그들에게 복을 주시며 하나님이 그들에게 이르시되 생육하고 번성하여 땅에 충만하라, 땅을 정복하라, 바다의 물고기와 하늘의 새와 땅에 움직이는 모든 생물을 다스리라 하시니라.")

가톨릭교도나 프로테스탄트 가운데에서도 원리주의적인 사고를 하는 사람들은 "낳으라, 번식하라"는 구절 때문에 피임이 신의 의지를 거스른다고 생각합니다. 그건 그렇다 해도 아직 인간이 창조되기 전 단계에서 신이 한 행위를 어떻게 인간이 「창세기」에 기록할 수 있느냐고 따지는 사람이 있을 것입니다. 그런데 이는 신이 내린 말을 받아들인 사람(성령으로 충만한 예언자)이 적은 것이라 여겨집니다.

천지만물은 완성되었다. 일곱번째 날에 신은 자신의 일을 완성하시고, 일곱번째 날에 신은 자신의 일을 떠나 안식하셨다. 이날에 신은 모든 창조의 일을 떠나 안식하셨기에 일곱번째 날을 신은 축복하고 성별(聖別)하셨다.

("천지와 만물이 다 이루어지니라. 하나님이 그가 하시던 일을 일곱째 날에 마치시니 그가 하시던 모든 일을 그치고 일곱째 날에 안식하시니라. 하나님이 그 일곱째 날을 복되게 하사 거룩하게 하셨으니 이는 하나님이 그 창조하시며 만드시던 모든 일을 마치시고 그날에 안식하셨음이니라.")

이 한 구절을 근거로 유대교도는 금요일 밤부터 토요일 밤까지를 안식일로 삼고 기독교도는 예수가 부활했다는 일요일을 안식일로 여기게 됩니다. "신은 자신의 일을 떠나 안식하셨"으니까 안식일에는 결코 일을 해서는 안 된다고 생각하는 유대교도와 기독교도도 많습니다. 이스라엘에서는 안식일에 엘리베이터 버튼을 누르는 것도 일을 하는 것이라 여겨 버튼을 누르지 않아도 자동으로 각 층에 멈추는 운전방식으로 바뀌는 엘리베이터도 있습니다. 유럽 기독교 국가에서는 안식일인 일요일에는 상점 문을 열지 않으며 미국도 일요일에는 선거 투표일을 정하지 않습니다. 『성경』이 서양생활에 많은 영향을 미치고 있음을 알 수 있습니다.

신은 인가인 아담과 이브를 창조하고 에덴동산에서 살게 합니다. 이때 신은 '선악을 알게 하는 나무'의 열매를 먹어서는 안 된다고 이르는데, 그들은 뱀의 꼬드김에 넘어가 먹습니다. 이로써 인간은 지혜를 얻지만 신이 내린 모진 벌을 받습니다. 여자에게는 출산의 고통을 주고 남자에게는 평생 먹을 것을 얻기 위해 일하는 고통을 받게 합니다. 영원한 생명을 잃는 대신 땅으로 돌아가는 죽을 운명을 안고 에덴동산에서 쫓겨납니다. 기독교에서는 이때 인류가 죄를 범했다, 즉 원죄를 지었다고 생각합니다. 이런 인류의 원죄를 한몸에 짊어지고 죽은 이가 바로 예수 그리스도입니다.

그 밖에도 「창세기」에는 '노아의 방주', '바벨탑' 등 서사성이 풍부한 일화가 잇따라 등장합니다. 유럽 미술관에 전시되어 있는 중세 종교화 대부분이 이런 일화를 주제로 그려졌습니다.

아브라함과의 계약

이윽고 '여러 민족의 아버지'가 될 아브라함의 이야기가
나옵니다. 신은 아브라함, 즉 유대 민족 대표에게 다음과
같이 전합니다.

나는 너와의 사이에, 또 뒤에 이어질 자손과의 사이에 계약을 맺
고 이를 영원한 계약으로 삼겠다. 그리고 너와 네 자손의 신이
되겠다. 나는 네가 머물고 있는 이 가나안의 모든 땅을 너와 그
자손에게 영원히 주겠다. 나는 그들의 신이 되겠다.
("내가 내 언약을 나와 너 및 네 대대 후손 사이에 세워서 영원한 언약을
삼고 너와 네 후손의 하나님이 되리라. 내가 너와 네 후손에게 네가 거류
하는 이 땅, 곧 가나안 온 땅을 주어 영원한 기업이 되게 하고 나는 그들
의 하나님이 되리라.")

여기에서 말한 '가나안 땅'이 지금의 팔레스타인, 즉 이스
라엘이 세워진 곳입니다. 유대인 입장에서 보면 신이 준
'약속의 땅'에 자신들의 나라를 세운 셈입니다.

'십계'를 얻다

그뒤 유대인들은 포로가 되어 이집트로 끌려가지만 신이 모세를 지도자로 선택해 그들을 이집트에서 탈출시킵니다. 모세는 가나안 땅으로 가는 중에 시나이 산에서 신으로부터 '십계'를 받습니다.
십계는 다음과 같습니다.

나 이외의 다른 신을 섬기지 말라.

우상을 만들지 말라.

하나님의 이름을 헛되이 부르지 말라.

안식일을 거룩하게 지켜라.

네 부모를 공경하라.

살인하지 말라.

간음하지 말라.

도둑질하지 말라.

이웃에게 불리한 거짓 증언을 하지 말라.

네 이웃의 재물을 탐내지 말라.

인간이 지켜야 할 열 가지 계명을 신의 말로 전한 것입니다.
『구약성경』에는 '십계'에 관한 구절 뒤에 죄에 대한 벌이나
법정 등 자세한 규정이 기록되어 있습니다. 그야말로 '율
법'입니다. 음식에 대한 규정도 상세히 쓰여 있습니다. 예
컨대『구약성경』「레위기」에 다음과 같이 나옵니다.

지상의 모든 동물 가운데 너희가 먹어도 좋은 생물은 발굽이 갈
라지고 완전히 나뉘어 있으며 되새김질하는 것들이다. …… 낙타
는 되새김질을 하지만 발굽이 갈라져 있지 않으므로 깨끗하지 못
하다. …… 멧돼지는 발굽이 갈라지고 완전히 나뉘어 있지만 되
새김질하지 않으므로 깨끗하지 못하다. 이런 동물들의 살을 먹어
서는 안 된다.
(모든 짐승 중 굽이 갈라져 쪽발이 되고 새김질하는 것은 너희가 먹
되…… 낙타는 새김질은 하되 굽이 갈라지지 아니했으므로 너희에게 부
정하고…… 돼지는 굽이 갈라져 쪽발이로되 새김질을 못 하므로 너희에
게 부정하니 너희는 이런 고기를 먹지 말고…….)

물에 사는 물고기 가운데 지느러미와 비늘이 있는 것은 바다든 강

이든 상관없이 모두 먹어도 좋다. 하지만 지느러미나 비늘이 없는 물에 사는 생물은 바다나 강은 물론 물에 사는 것이라 해도 모두 더러운 것이다. 그것들은 더러우며 그 살을 먹어서는 안 된다.

(물에 있는 모든 것 중에서 너희가 먹을 만한 것은 이것이니 강과 바다와 다른 물에 있는 모든 것 중에서 지느러미와 비늘 있는 것은 너희가 먹되 물에서 움직이는 모든 것과 물에서 사는 모든 것, 곧 강과 바다에 있는 것으로서 지느러미와 비늘 없는 모든 것은 너희에게 가증한 것이라. 이들은 너희에게 가증한 것이니 너희는 그 고기를 먹지 말고…….)

이 규율에 따라 발굽이 갈라져 있고 되새김질하는 소, 양, 염소 따위는 먹어도 되지만 돼지는 먹으면 안 됩니다. 이슬람교도가 돼지고기를 먹지 않는 사실은 널리 알려져 있지만 유대교에서도 돼지고기를 먹는 것은 금지되어 있습니다. 또한 지느러미와 비늘이 없는 것도 먹으면 안 되므로 새우, 게, 문어 종류는 먹을 수 없습니다.

왜 이런 것을 머으면 안 될까요? 이는 신자가 아닌 사람이 갖는 의문일 뿐 신자는 '신의 가르침'으로서 무조건적으로 믿고 따릅니다.

'율법'과 『구약성경』은 미묘하게 다르다

『구약성경』은 누가 썼는지 모릅니다. 전해져 내려오는 수
많은 이야기(유대교도나 기독교도 입장에서 보면 신의 말씀)
가 모여서 지금과 같은 형태가 되었습니다. 연구에 따르면
기원전 5세기에서 4세기경에 틀이 잡히기 시작했습니다.
원래 헤브라이어로 쓰였지만 헤브라이어를 읽지 못하는
사람들이 늘어나면서 기원전 3세기에 이집트의 알렉산
드리아에 72명의 학자들이 모여 그리스어로 번역을 했습
니다. 이렇게 완성된 번역은 『70인역 성경』이라고 합니다.
90년경에 팔레스타인 얌니아에 학자들이 모여 유대교 정
전(正典)을 정하는 회의를 가졌는데, 그리스어로 된 『70인
역 성경』은 정전으로 인정되지 않았고 몇 가지 문서도 받
아들여지지 않았습니다. 이렇게 해서 지금과 같은 형태가
되었는데, 『70인역 성경』은 기독교의 『구약성경』이 됩니
다. 다시 말해 엄밀히 말하면 유대교도의 성전과 기독교
도의 『구약성경』은 내용이 미묘하게 다릅니다.

『신약성서』는 총 27권

유대인들이 엄격히 지키려 했던 '율법'에 얽매이지 않고 독자적인 가르침을 펼친 이가 예수였습니다. 예수의 언행록을 정리한 것이 『신약성경』입니다. 총 27권으로 구성된 『신약성경』은 크게 다섯 부분으로 나뉩니다. 「마태복음」 등 네 권의 복음서, 「사도행전」, 「바울서신」, 공개서한, 「요한계시록」입니다.

여기서는 네 권의 복음서를 중심으로 살펴볼까 합니다. 복음서란 '복된 소식'이라는 뜻으로 예수의 가르침이라는 '복된 소식'을 사람들에게 전하기 위해 쓰였습니다. 네 권의 복음서는 다음과 같습니다. 「마태복음」, 「마가복음」, 「누가복음」, 「요한복음」. 이 복음서들은 모두 예수가 살아 있을 때 한 말과 행동을 중심으로 쓰였는데, 같은 일화를 다루면서도 각기 미묘하게 다르고 크게 차이가 나기도 합니다. 처음 읽는 사람은 어리둥절할 수도 있습니다.

이는 예수가 죽고 오랜 시간이 지난 뒤 신자들에게 말로 전해져 내려온 내용을 정리했기 때문입니다. 말로 전해지면서 내용이 바뀐 것도 있고 복음서를 쓴 사람이 독자적으로 내용을 덧붙이거나 고쳐서 달라지기도 했습니다. 그 가운데 「마태복음」, 「마가복음」, 「누가복음」은 공통된 내용이 많아 18세기에 이르러 세 이야기를 비교하는 표가 만들어졌습니다. 이를 '공관표(共観表)'(함께 보는 표)라 하고 이 세 복음서는 '공관 복음서'라 부릅니다.

『신약성경』에는 복음서가 「마태복음」, 「마가복음」, 「누가복음」, 「요한복음」 순으로 실려 있지만 그렇다고 해서 그 순서 그대로 쓰인 것은 아닙니다. 맨 처음 쓰인 것은 「마가복음」이었습니다. 1세기, 70년 전후라 생각됩니다. 예수가 십자가에 매달린 것은 30년 봄이라 여겨지는데, 그보다 40여 년이 지나서 쓰인 것입니다.

한편, 「마태복음」과 「누가복음」은 80년대쯤에 쓰였다고 여겨집니다. 두 복음서 모두 이미 완성된 「마가복음」을 참고하여 썼으리라고 추정됩니다. 이야기의 줄거리가 많이 비슷한데다 같은 일화가 나오기 때문입니다. 그뿐 아니라 성서 연구자에 따르면 「마태복음」과 「누가복음」을 쓴 저자는 각각 「마가복음」 외에 또다른 자료를 보고 쓴 것으

로 보입니다. 하지만 그 자료가 발견되지 않아 연구자들
은 편의상 'Q자료'라 부릅니다. Q는 독일어로 자료라는
말의 머리글자입니다. 이와 달리 「요한복음」이 쓰인 것은
1세기, 90년대 내지는 그보다 더 뒤라고 여기는 연구자가
많은 모양입니다.

다른 '복음서'도 있었지만

애초에 예수의 언행록을 모은 복음서는 네 권뿐이라고
흔히 생각하지만 실제로는 그 밖에도 여러 복음서가 있었
다고 합니다. 특히 「베드로복음」, 「도마복음」 등이 알려져
있습니다. 그뿐 아니라 1970년대에 이집트 나일 강 유역
에서 발견된 자료가 사실은 「유다복음」이었음이 밝혀집니
다. 이것은 2006년에 출판되었습니다. 「유다복음」은 예수
를 배신한 유다가 쓴 복음서로 유다는 예수의 부탁을 받
고 예수를 당국에 팔았다고 썼습니다. 예수 스스로 희생
됨으로써 사람들을 구원하리라고 여겨 신뢰하는 유다에

게 이를 부탁했다는 것입니다.

이것이 발표되자 반향을 불러일으켰지만 기독교 주류파
는 이를 인정하지 않습니다. 하지만 예수의 언행이 다수
기록되었으리라는 점은 간단히 추측할 수 있습니다. 맨
처음에는 하나였던 신자들이 차츰 분열됨에 따라 각자의
입장에서 쓴 복음서도 생겨났습니다. 기독교가 로마제국
의 국교가 되면서 선교활동이 폭넓게 이루어지자 복음서
가 여러 종류 있으면 좋지 않다는 이유로 점차 통일된 것
을 필요로 하게 됩니다. 그 결과 397년에 열린 카르타고
교회 회의에 따라 지금의 형태로 정리되었습니다.

마리아의 처녀 수태

기독교 신자가 아닌 사람이 보면 『신약성경』에는 일반 상
식이 통용되지 않는 내용이 많이 나옵니다. 그것이 종교
라고 하면 그뿐이지만요. 마리아의 처녀 수태와 예수가
보인 수많은 기적, 예수의 부활을 그 대표적인 예라고 할

수 있습니다.

예수의 어머니 마리아는 요셉이라는 남성과 약혼했는데, 결혼 전에 임신한 사실이 밝혀집니다. 이를 알게 된 요셉은 인연을 끊으려 하지만 꿈에 천사가 나타나서 다음과 같이 말합니다.

다윗의 아들 요셉아, 두려워하지 말고 아내 마리아를 맞아라. 마리아가 임신한 뱃속의 아이는 성령으로 잉태되었다. 마리아는 사내아이를 낳을 것이다. 그 아이를 예수라 이름하라. 그 아이는 자기 백성을 죄에서 구할 것이기 때문이다."(「마태복음」에서)

(다윗의 자손 요셉아, 네 아내 마리아 데려오기를 무서워하지 말라. 그에게 잉태된 자는 성령으로 된 것이라. 아들을 낳으리니 이름을 예수라 하라. 이는 그가 자기 백성을 그들의 죄에서 구원할 자이심이라 하니라.)

이는 「마태복음」의 내용인데, 「누가복음」에서 천사가 수태를 알려주는 사람은 마리아입니다.

천사 가브리엘은 신의 보내심을 받아 나사렛이라는 갈릴리 마을로 갔다. 다윗가의 요셉이라는 사람과 약혼한 처녀에게 보내신 것이다. 그 처녀의 이름은 마리아라고 했다.

천사가 그녀에게 와서 말했다. "축하합니다. 은총 받으신 분이여. 주께서 당신과 함께 계십니다. …… 당신은 신의 은총을 받으셨습니다. 당신은 잉태하여 사내아이를 낳을 것인데, 그 아이를 예수라 이름하십시오."(『누가복음』에서)

(천사 가브리엘이 하나님의 보내심을 받아 갈릴리 나사렛이란 동네에 가서 다윗의 자손 요셉이라 하는 사람과 약혼한 처녀에게 이르니 그 처녀의 이름은 마리아라. 그에게 들어가 이르되 은혜를 받은 자여. 평안할지어다. 주께서 너와 함께하시도다. …… 네가 하나님께 은혜를 입었느니라. 보라. 네가 잉태하여 아들을 낳으리니 그 이름을 예수라 하라.)

이것이 '수태고지'입니다. 레오나르도 다빈치의 유명한 그림이 있지요.

자, 천사가 수태를 알려준 이는 요셉일까요, 마리아일까요? 아니면 둘 다였을까요? 복음서에 따라 차이가 나는 예 가운데 하나입니다. 요셉이 얼마나 당황했을지는 짐작이 되지만 자기가 꾼 꿈이나 "천사가 알려주었다"고 하는 마리아의 말을 믿는 것이 바로 종교이겠지요.

예수가 일으킨 수많은 기적

베들레헴에서 태어나 나사렛에서 자란 예수는 각지를 돌아다니며 가르침을 널리 전합니다. 열성적인 제자들이 따라다니는데, 그들을 사도라 부릅니다. 그들은 모두 12명이었습니다.

예수는 각지에서 기적을 일으킵니다. 눈이 보이지 않는 자의 눈을 뜨게 하고, 피부병 환자를 고치며, 마침내는 죽은 자를 되살려내어 예수를 따르는 사람들은 점점 늘어납니다.

예수가 걸어서 호수를 건너는 일화는 마치 영화에 나오는 한 장면 같습니다.

동이 틀 무렵 예수는 호수 위를 걸어 제자들에게 가셨다. 제자들은 예수가 호수 위를 걷는 모습을 보고 "유령이다"라고 소리치며 겁을 먹고 공포에 질린 나머지 비명을 질렀다. 예수는 곧장 그들에게 말씀을 건네셨다. "안심해라. 나다. 무서워하지 않아도 된다." …… 배에 있던 사람들은 "진실로 당신은 신의 아들입니다"라며 예수에게 절했다.(『마태복음』에서)

(밤 사경에 예수께서 바다 위로 걸어서 제자들에게 오시니 제자들이 그가 바다 위로 걸어오심을 보고 놀라 유령이라 하며 무서워하여 소리지르거늘 예수께서 즉시 이르시되 안심하라. 나니 두려워하지 말라. …… 배에 있는 사람들이 예수께 절하며 이르되 진실로 하나님의 아들이로소이다 하더라.)

십자가에서 죽고 부활하다

예수의 인기가 높아지면서 신자가 늘어남에 따라 전통적인 유대교와는 다른 가르침을 퍼뜨린다는 데 반감을 갖는 유대교도 장로들도 많아집니다. 그 결과 신을 모독하고 스스로를 '유대의 왕'이라 부르며 로마제국의 지배를 거슬렀다는 등의 이유로 사형 판결이 내려져 예수는 십자가에 매달립니다.

십자가에서 죽은 예수는 무덤에 묻힙니다. 예수를 처형했던 날은 금요일. 그날 밤부터 유대인들의 안식일이 시작되었습니다. 장로들은 예수의 제자들이 예수의 시신을 훔쳐 "예수가 부활했다"고 할까 두려워하여 무덤 앞에 커다란 바위를 놓았고 군사들에게 감시하도록 했습니다. 그런데 안식일이 끝난 뒤, 즉 예수가 죽고 사흘째 되는 날 천사에 이끌려 예수가 부활했다는 것입니다.

그뒤 예수는 제자들 앞에 나타납니다. 제자들에게 자신의 가르침을 널리 전하라고 명합니다.

나는 하늘과 땅의 모든 권능을 받았다. 그러니까 너희는 가서 모든 백성을 내 제자로 만들어라. 그들에게 아버지와 아들과 성령의 이름으로 세례를 내리고 너희에게 명한 것을 모두 지키도록 가르쳐라. 나는 세상 끝까지 항상 너희들과 함께 있을 것이다.(『마태복음』에서)

(하늘과 땅의 모든 권세를 내게 주셨으니 그러므로 너희는 가서 모든 민족을 제자로 삼아 아버지와 아들과 성령의 이름으로 세례를 베풀고 내가

니희에게 분부한 모든 것을 가르쳐 지키게 하라. 볼지어다. 내가 세상 끝 날까지 너희와 항상 함께 있으리라.)

예수는 부활하고 40일 뒤에 승천했다고 합니다. 이때부터 언젠가 예수가 천사들과 함께 재림하여 최후의 심판을 하고 '신의 나라'를 이루리라고 여겨지게 됩니다. 예수의 제자들은 각지로 전도하러 나섭니다. 처음에는 로마제국의 탄압을 받아 신자들이 순교하지만 머지않아 로마제국 황제가 기독교도가 됨으로써 기독교는 유럽 세계로 널리 퍼집니다.

「요한계시록」의 예언

『신약성경』 가운데 매우 다른 것이 「요한계시록」입니다. 1세기가 끝날 무렵 에게 해 남동부에 있는 밧모(Patmos)에서 요한이라는 인물이 신의 계시를 받습니다. 신의 말을 들은 것이 아니라 신의 영으로 충만해 신의 나라와 세계의 마지막 이미지를 받았다고 합니다. 이를 정리한 것이 「요한계시록」입니다. 요한은 예수익 12명의 제자 가운데 한 명인 요한과는 다른 인물이라 여겨집니다.

이 세상의 종말이 오면 악마(사탄)는 신에게 도전하여 최후의 결전에 임하는데, 그 장소를 '하르마게돈(Harmagedon)'이라 부릅니다.

마침내 예수가 재림하여 이 세상을 1000년 동안 지배하지만 그뒤 사탄이 부활한다는 것, 하지만 하늘에서 불이 내려와 그들을 태워 멸한다는 것 등을 보여줍니다. 「요한계시록」에는 일곱 천사가 등장하여 각자 나팔을 붑니다. 다음과 같이 말입니다.

제3의 천사가 나팔을 불었다. 그러자 횃불처럼 타는 커다란 별이 하늘에서 떨어져 모든 강의 삼분의 일과 그 수원(水源) 위에 떨어졌다. 이 별 이름을 '쓴 쑥'이라 하는데, 물의 삼분의 일이 쓴 쑥처럼 쓰게 되어 많은 사람이 죽었다.

(셋째 천사가 나팔을 부니 횃불같이 타는 큰 별이 하늘에서 떨어져 강들의 삼분의 일과 여러 물샘에 떨어지니 이 별 이름은 쓴 쑥이라. 물의 삼

분의 일이 쓴 쑥이 되매 그 물이 쓴 물이 되므로 많은 사람이 죽더라.)

이 구절은 1986년에 주목을 받았습니다. 그해 4월, 당시 소련(소비에트사회주의공화국연방)의 체르노빌(지금은 우크라이나령)에서 원자력발전소 폭발 사고가 일어나 많은 희생자를 냈습니다. 우크라이나어로 체르노빌이 '쓴 쑥'을 의미했기에 「요한계시록」의 예언이 맞다고 믿는 사람들이 있었던 것입니다.

기독교는 확대되고 분열되었다

기독교가 로마제국의 국교가 되면서 신자가 폭발적으로 늘어납니다. 로마제국 전역으로 확대되지만, 이윽고 로마제국이 동서로 분열됨에 따라 기독교도 동서로 나뉘게 됩니다. 로마 가톨릭과 동방정교(그리스정교회)가 성립하지요. 그리스정교회는 러시아에 전해져 러시아정교회가 됩니다. 나아가 가톨릭의 가르침에 반발하는 사람들이 종

교개혁을 일으켜 가톨릭에서 프로테스탄트가 분리됩니
다.

가톨릭에서 『성경』은 성직자밖에 읽을 수 없고 읽어서도
안 되었기 때문에 일반 신자들에게 『성경』은 먼 존재였습
니다. 하지만 구텐베르크가 활판 인쇄술을 발명하고 16세
기 들어 종교개혁의 기수 마르틴 루터가 독일어로 번역한
성경을 완성하면서 일반 서민도 성경을 읽을 수 있게 됩
니다. 그 결과 가톨릭 성직자들이 성경 해석을 독점하던
관행이 깨지면서 모든 신자가 성경과 마주할 수 있게 되
고요.

프로테스탄트 가운데 유럽에서 박해를 받은 사람들이
『구약성경』에 그려진 출애굽의 이미지를 품고 '새로운 이
스라엘' 건설을 목표로 서쪽으로 떠납니다. 그리하여 미
국이 건국되었습니다. 미국은 기독교도의 국가로 세워진
나라이지요.

십자군을 보내다

1095년 로마 교황 우르바누스 2세는 '성지 예루살렘의 탈
환'을 호소합니다. 이른바 '십자군'의 시작입니다. 당시 셀
주크튀르크가 예루살렘 주변에 진출한 데 위기감을 느낀
비잔틴 황제 알렉시우스가 교황에게 보낸 지원 요청이 계
기가 되었습니다. 다만 당시에는 아직 십자군이라는 명칭
이 쓰이지 않았고 "신의 교회를 해방시키기 위해 예루살
렘으로 출발한 자에게는 속죄의 여행이 되리라"는 의미
의 표현이 쓰였습니다. 성지 탈환인 동시에 순례여행이라
는 색채가 짙었지요. 이때 예루살렘으로 향하는 사람들
의 옷에 십자 표시를 하여 '십자군'이라 불리게 됩니다.

첫번째 시도에 성공해 예루살렘을 이슬람 세력에게서 빼
앗아 예루살렘 왕국을 세웁니다. 하지만 그뒤 예루살렘
은 다시 이슬람 세력의 손에 들어가 십자군은 규모가 큰
것만도 일곱 번에 걸쳐 조직되어 예루살렘을 향해 떠났
습니다. 그런데 성지 탈환이라는 목표와는 반대로 참가한
병사들의 반복적인 약탈로 이슬람교도들 사이에는 깊은

불신감이 생깁니다. 이것이 서구 기독교 사회 대 이슬람 사회라는 현대의 대립구조를 낳는 원인이 됩니다.

유대교도의 '율법'이자 기독교도의 책 『구약성경』에 쓰인 십계 가운데 하나인 "살인하지 말라"와 예수의 말이라 전해지는 『신약성경』의 "원수를 사랑하고 너희를 핍박하는 자를 위해 기도하라"(『마태복음』)라는 구절이 있지만 그뒤로도 온갖 분쟁과 전쟁이 끊이지 않고 있습니다. 『성경』은 세계 역사를 크게 움직인 책이지만 그로 인해 사람들이 모두 성인이 될 수 있었던 것은 아니었습니다.

출전
『バイブル·プラス　カラー資料つき 聖書 新共同訳／旧約聖書続編つき』(日本聖書協会); 본문에 인용된 성서 구절의 경우 저자의 의도에 충실을 기하기 위해 가능한 한 이 책에서 인용한 내용을 따르되, 한국어 개역 개정판의 해당 부분을 찾아 병기해두었다.

참고문헌
加藤隆 『歴史の中の「新約聖書」』(ちくま新書)
池澤夏樹 『ぼくたちが聖書について知りたかったこと』(小学館文庫)

제 **3** 장 코 란

Qur'ān

코란

이슬람의 상징

너희에게 싸움을 거는
자가 있다면
알라의 길에서
그와 당당히 맞서
싸우는 것이 좋다.
하지만 이쪽에서 먼저
불의를 저질러서는 안 된다.
알라는 불의를
행하는 자들을
좋아하지 않는다.

온화한 경전이지만 과격파도 낳았다

국제 뉴스에 종종 등장하며 세계에 커다란 영향력을 미
친 이슬람교란 어떤 종교일까요? 이슬람교의 가르침이 쓰
여 있는『코란』도 세계를 크게 바꾼 책입니다. 그 내용을
살펴봅시다.

세 개의 일신교

제1장에서『안네의 일기』, 제2장에서『성경』을 소개하며
유대교와 기독교에 대해 살펴보았습니다. 여기에 이슬람
교를 더한 세 종교는 모두 일신교입니다. 일신교란 이 세
계를 유일한 절대신이 창조했다고 생각하고 그 신을 숭배
하는 종교입니다.

세 종교 모두 세계를 창소한 유일한 절대신을 믿습니다.
즉 세 종교의 신은 같습니다. 이슬람교도가 '알라신'을 믿
는다고 말하기도 하지만 '알라'란 아랍어로 신을 가리킴

니다. 헤브라이어로 야훼(Yahweh), 영어로 갓(God), 아랍어로 알라(Allah)는 모두 똑같은 신입니다.

유대교 경전은 '율법(토라)'인데 기독교도는 이 '율법'을 『구약성경』이라 부르며, 새롭게 예수의 가르침을 기록한 『신약성경』을 더해 이 두 가지를 성경으로 삼았습니다. 여기까지는 앞 장에서 설명했습니다. 이슬람교는 여기에『코란』을 더해 세 가지를 중요한 경전으로 여겼습니다. 다만 『코란』을 가장 중요하게 생각합니다. 왜일까요? 다음과 같이 생각하기 때문입니다.

이슬람교에서는 신이 사람들을 구원하기 위해 인간들 가운데 선택한 예언자들에게 종종 신의 말씀을 전했다고 생각합니다. 이때 예언자(預言者)는 예언자(豫言者), 즉 미리 짐작하여 말하는 사람이 아닙니다. '신의 말씀을 맡은 사람'이라는 뜻에서 예언자라 부릅니다. 이슬람교도에게는『구약성경』에 나오는 모세나 '노아의 방주'에 나오는 노아, 예수가 예언자입니다.『구약성경』과『신약성경』은 이 예언자들을 통해 인간들에게 주어졌습니다.

그런데 인간들은 신의 계시를 지키려 하지 않습니다. 또는 신의 말씀을 왜곡합니다. 그래서 신은 마지막으로 무함마드를 예언자로 선택해 그에게 신의 마지막 말씀을 전했다고 합니다. 이것이 『코란』입니다. 즉 이것이 마지막 기회이지요. 신의 이 말씀을 잘 지키면 천국에 갈 수 있고 그렇지 않으면 지옥으로 떨어집니다.

『구약성경』은 대부분이 '천지창조'나 '출애굽'처럼 파란만장한 이야기이고 『신약성경』은 예수의 언행록을 제자들이 정리한 형식입니다. 이에 반해 『코란』은 신이 예언자 무함마드에게 건넨 말을 그대로 기록한 책이라 여겨집니다. 이슬람교에서 이슬람이란 '귀의하다'라는 뜻입니다. 신의 존재를 믿고 모든 것을 신에게 맡기는 것입니다.

무함마드가 '신의 예언자'

이슬람교에 따르면 신이 마지막으로 선택한 예언자는 무함마드입니다. 나와 같은 세대는 학창 시절에 이슬람교 창시자를 마호메트라고 배웠지만 지금은 가급적 현지어 발음대로 무함마드라 부릅니다.

정통파 기독교에서는 예수를 '신의 아들'이되 인간이 아니라고 여기지만 이슬람교에서는 예수를 인간 예언자라 생각합니다. 따라서 무함마드도 인간입니다. 그러므로 이슬람교에서는 무함마드에게 절을 해서는 안 됩니다. 절을 할 수 있는 대상은 오직 신뿐입니다.

무함마드는 인간이지만 신의 선택을 받았기 때문에 이슬람교도의 공경과 사랑을 받습니다. 그래서 이슬람 세계에서는 남자 이름 가운데 무함마드라는 이름이 매우 많습니다. 무하마드, 모하메드라고도 불리지만 모두 똑같은 이름입니다. 이슬람교를 믿는 나라의 번화가에서 "무함마드!"라고 큰 소리로 부르면 대부분의 남성들이 돌아볼 것입니다.

무함마드는 570년경에 아라비아 반도의 메카라는 마을에서 태어납니다. 스물다섯 살 때 마흔 살의 미망인 카디자와 결혼합니다. 카디자는 상인이었던 죽은 남편에게서 이어받은 무역 일을 하고 있었습니다. 무함마드는 이 사업을 발전시켜서 성공합니다. 그런데 마흔이 되자 메카 근교

에 있는 동굴에서 명상에 빠지는 일이 잦아졌습니다. 그
러던 어느 날 갑자기 무함마드는 신의 말을 들었다고 합
니다.

신의 말을 '통역'하다

무함마드에게 신의 말을 전한 것은 천사 가브리엘입니다.
이 천사는 예수의 어머니 마리아에게 그녀가 신의 아들
을 잉태했음을 알려주는 수태고지에도 등장합니다. 천사
가브리엘이 신의 말을 인간에게 전하는 일을 담당하고 있
었지요. 가브리엘은 아랍어로 지브릴이라고 합니다.
천사 지브릴은 맨 처음 무함마드에게 "읽어라"라고 명합
니다. 무함마드에게 전해진 신의 말은 천상에 원본이 있
고 이를 지브릴이 인간의 말(아랍어)로 통역하여 전했다고
합니다. 그래서 "읽어라"라는 말이 나옵니다. 하지만 무함
마드는 읽고 쓰기를 못 했습니다. 이는 당시에 지극히 평
범한 일이었습니다. 무함마드는 '신의 말'을 열심히 외워

서 사람들에게 전합니다. 주위 사람들도 거의 읽고 쓰기
를 못 했으므로 외울 수밖에 없었습니다. 그런데 당시에
는 전란이 끊이지 않았습니다. 무함마드가 죽은 뒤 '신의
말'을 외울 수 있는 사람들이 잇따라 전사합니다. 이대로
는 전승을 못 하게 된다는 위기를 느끼고 '신의 말'을 책
으로 남기는 작업을 하기 시작했습니다. 이렇게 해서 완
성된 것이『코란』입니다.

『코란』은 '꾸란'이라고 발음하는 편이 현지어에 가깝지만
맞춤법 표기를 따르겠습니다. 이는 원래 '소리 내어 읽어
야 하는 것'이라는 뜻입니다. 음독하는 것이『코란』을 읽
는 올바른 방법입니다.

번역이 아닌 해설서

『코란』은 '신의 말'을 아랍어로 적은 것입니다. 신이 천사
지브릴에게 명해 아랍어로 번역하게 한 것으로 아랍어는
'신이 선택한 언어'입니다. 그러므로『코란』은 신이 선택한

언어로 읽어야 하고 아랍어가 아닌 다른 언어로는 번역할 수 없다고 되어 있습니다. 하지만 그러면 아랍어를 못 하는 사람은 읽을 수 없겠지요. 그래서 '코란 일본어 해설서'라는 이름으로 일본어 번역이 나왔습니다.

편집방식이 독특하다

무함마드가 세상을 떠난 뒤 신자들을 이끄는 지도자(칼리프)는 신자들 가운데에서 뽑힙니다. 3대로 뽑힌 우스만이 몇 명의 신자에게 명해 『코란』을 편집하게 했습니다. 편집방식이 독특한데, 무함마드가 '신의 말'을 들은 순서대로 되어 있지 않기 때문입니다.

무함마드는 마흔 살 때 '신의 말'을 들었다고 합니다. 그뒤 평생에 걸쳐 많은 말을 듣고 사람들에게 들려주었습니다. 이런 방대한 '신의 말'이 무함마드가 생의 후반부에 들은 말부터 앞으로 거슬러올라가는 형식으로 구성되어 있습니다. 그렇다고 해서 맨 처음에 들은 말이 맨 마지막에 나

오는 것은 아닙니다. 그보다 조금 앞에 등장합니다. 왜 이
렇게 구성되었는지 그 이유는 알 수 없지만 신자들은 이
를 "신이 인간에게 주신 말씀"으로 받아들이고 소리 내어
읽습니다.

세계의 종말이 오면 심판을 받는다

기독교와 마찬가지로 이슬람교에서도 세계의 종말이 온다
고 믿습니다. 그날이 오면 그때까지 땅속에서 잠자고 있
던 죽은 자들을 깨워 신 앞으로 데리고 가 한 명씩 심판
을 받게 합니다. 살아 있을 때 했던 행동 가운데 좋은 일
과 나쁜 일을 저울질하여 좋은 일을 많이 했으면 천국에
가지만 나쁜 일을 많이 했으면 지옥으로 떨어집니다. 그
러고는 지옥에서 영원한 불꽃에 온몸이 불탑니다. 하지
만 타고 또 타도 피부가 다시 재생되면서 죽지 않습니다.
고통이 영원히 이어지는 것이지요.
그러면 천국은 어떤 곳일까요? 다음과 같이 무척 구체적

입니다.

경건한 신자에게 약속된 낙원을 그려보면 그곳에는 절대 썩지 않
는 강이 몇 줄기 흐르고, 영원히 맛이 변하지 않는 젖이 흐르는
강이 있으며, 마시면 형용할 수 없이 맛있는 술이 흐르는 강이
있고, 맑은 꿀의 강이 흐르고 있다. 게다가 그곳에는 온갖 종류의
과일이 열매를 맺고 신의 죄 사함을 받을 수 있다.(47장 16~17절)
(의로운 자들에게 약속된 천국을 비유하사 그곳에 강물이 있으되 변하지
아니하고, 우유가 흐르는 강이 있으되 맛이 변하지 아니하며, 술이 흐르
는 강이 있으니 마시는 이들에게 기쁨을 주며, 꿀이 흐르는 강이 있으되
순수하고 깨끗하더라. 그곳에는 온갖 과일이 있으며 주님의 자비가 있노
라. - 47장 15절)

이런 천국은 어떻습니까?『코란』에는 천국에 대한 묘사가
여러 번 나옵니다. 서늘한 나무 그늘이 있다는 표현도 있
습니다. 뜨겁게 타오르는 아라비아 반도에 사는 사람들
이 생각하는 천국의 이미지가 어떠했는지를 잘 알 수 있
습니다.

이슬람교도는 술을 마시면 안 되지만 천국에 가면 얼마든지 맛있는 술을 마실 수 있습니다. 이 술은 무척 품질이 좋아서 아무리 많이 마셔도 취하지 않는다고 합니다.

지하드란?

죽어서도 바로 천국에 갈 수 없고 세계의 종말을 기다린다는 이야기를 했는데, 예외적으로 죽으면 곧장 천국에 갈 수 있는 사람도 있습니다. 지하드(성전)로 죽은 사람입니다. 이는 알라를 위해 싸우다 죽은 사람들을 말합니다. 다음과 같은 구절이 있기 때문입니다.

알라를 위해 죽임을 당한 사람들을 결코 죽었다고 생각해서는 안 된다. 그들은 신의 곁에서 어엿하게 살아 있다. 무엇이든지 충분히 받으며.(3장 163절)
(하나님의 길에서 순교한 자를 죽었다고 생각지 말라. 그들은 하나님의 양식을 먹으며 하나님 곁에서 살아 있노라. − 3장 169절)

알라를 위해 싸우다 죽은 사람은 알라 곁에 있다는 뜻입
니다. 일반인들은 죽은 뒤에 세계의 종말이 와서 '최후의
심판'을 받기를 기다리지만 알라를 위해 죽은 사람은 곧
장 천국에 갈 수 있다고 하니 지하드로 죽는 것은 천국행
특급권을 얻는 것과 마찬가지입니다.

지하드란 이슬람을 위한 노력

지하드는 '성전(聖戰)'이라고 번역되는데, 이는 노력이라는
말에서 비롯되었습니다. 이슬람의 가르침을 지키려는 노
력이 지하드입니다. 이슬람교도의 영토에 외적이 쳐들어
오면 이슬람의 땅을 지키기 위해 싸우는 것도 지하드이겠
지요. 그래서 성전이라고 번역하게 되었습니다. 단 제한
없는 싸움을 인정하는 것은 아닙니다. 『코란』은 다음과
같이 경고합니다.

너희에게 싸움을 거는 자가 있다면 알라의 길('성전', 즉 종교를 위

한 싸움의 길)에서 당당히 맞서 싸우는 것이 좋다. 하지만 이쪽에서 먼저 불의를 저질러서는 안 된다. 알라는 불의를 행하는 자들을 좋아하지 않는다.(2장 186절)

(너희에게 도전하는 하나님의 적들에게 도전하되 그러나 먼저 공격하지 말라. 하나님은 공격하는 자들을 사랑하지 않으시니라. – 2장 190절)

알카에다 같은 이슬람 과격파는 자신들의 싸움을 지하드라 여기지만 그들의 테러로 아무 잘못도 없는 사람들이 함께 죽는 것은 "먼저 불의를 저지른" 행동이 아닌지요. 만일 그렇다면 알라는 이슬람 과격파 테러리스트를 용서하지 않을 텐데 말입니다.

이슬람교도가 지켜야 할 오주

『코란』은 이슬람교도가 지켜야 할 행동을 규정하고 있습니다. 중요한 다섯 가지 의무라 하여 오주(五柱)라 합니다. 다음에 나오는 다섯 가지입니다.

1 신앙 고백

2 예배

3 희사(喜捨)

4 단식

5 메카 순례

'신앙 고백'은 자신이 이슬람교도임을 선언하는 일입니다. "알라 이외에 신은 없고 무함마드는 신의 사도다"라고 말합니다. 이슬람교도가 될 경우에는 이슬람교도 두 명을 증인으로 세우고 이 말을 아랍어로 외우면 됩니다. '알라, 즉 이 세계를 창조한 신을 믿으라, 그 밖에 신은 존재하지 않는다, 무함마드는 신의 말을 받은 예언자다'라고 선언하는 것입니다.

'예배'는 신을 향한 기도입니다. 하루에 다섯 번 기도를 드립니다. 첫번째는 동이 트기 전에, 두번째는 정오 지나서, 세번째는 오후 세시경에, 네번째는 해질녘에, 다섯번째는 잠자기 전에 합니다. 이슬람교도의 하루는 예배를 통해 강약이 조절된다고 할까요. 다섯 번의 예배로 하루의 생활 리듬을 조정합니다. 예배는 메카 방향을 향해 드리는데, 이슬람교도가 순례해야 하는 카바 신전이 있는 방향입니다.

이슬람교에서(유대교에서도 마찬가지이지만) 우상숭배는 절대 금지합니다. 신상(神像)을 만들어 절하지 않습니다. 무함마드상을 만들지도 않습니다. 불교에서 불상에 절하거나 기독교도가 십자가에 매달린 예수상이나 마리아상에 절하는 것 같은 일은 이슬람교에서는 있을 수 없습니다.

'희사(자카트)'는 생활이 어려운 사람에게 돈을 베푸는 일입니다. 희사는 자기 수입의 2퍼센트에서 2.5퍼센트 정도를 기준으로 합니다. 이슬람권 나라에 따라서는 국가가 거두어들여 생활 형편이 어려운 사람들을 위해 쓰기도 합니다. 마치 세금 같은데, 이는 현세에서 재산 일부를 내놓으면 내세에서 받는 보수가 늘어난다는 생각에서 비롯된 방식입니다. 일종의 저축이라고 할 수 있습니다.

'단식'은 한 해에 한 번, 한 달 동안 합니다. 1년에 한 번 '라마단 달'이 있는데, 이때는 해가 떠서 해가 질 때까지 먹거나 마셔서는 안 됩니다. 이슬람력은 태음력이라서 매해 조금씩 달라져 한여름에 단식을 할 때도 있는가 하면 한겨울에 할 때도 있습니다.

왜 단식을 하는가? 『코란』에 그 이유가 쓰여 있지는 않지만 일부러 힘든 경험을 함으로써 끼니를 챙기지 못하는 사람들을 생각하는 듯합니다. 단 병에 걸렸거나 여행중인 사람은 단식을 하지 않아도 괜찮습니다. 병이 낫고 여행에서 돌아온 뒤에 하면 됩니다. 또 단식할 수 있었는데도 단식을 하지 않았다면 가난한 사람에게 먹을 것을 베풀어 속죄해야 합니다.

이 기간 동안에는 해가 뜰 때부터 질 때까지 먹고 마셔서는 안 되므로 사람들은 해가 뜨기 전에 아침을 먹습니다. 저녁에 해가 지면 한바탕 축제가 벌어집니다. 많은 사람이 천막 아래에 모여 함께 식사를 하는 일이 많습니다. 사람들은 이 기간에 공복을 견디면서 신에 대해 생각을 많이 하므로 종교의식이 높아지는 시기이기도 합니다.

'메카 순례'는 한 해에 한 번 '순례의 달'에 메카에 있는 카바 신전에 참배를 하러 가는 것을 말합니다. 반드시 해야 하는 것은 아니지만 평생에 한 번은 하는 것이 바람직

하다고 여깁니다. 순례를 마친 사람에게는 '하지'라는 칭
호가 주어집니다.

메카 순례에서는 모든 사람이 흰 천으로 몸을 감쌉니다.
빈부의 차, 피부색과 관계없이 모든 사람이 신 앞에서 평
등함을 실제로 느끼고 이슬람교도의 연대감을 더욱 강하
게 해줍니다.

돼지고기와 술은 어떨까

『코란』에는 오주와 같이 '행해야 할 의무' 이외에 해서는
안 되는 일도 쓰여 있습니다. 돼지고기를 먹거나 술을 마
시면 안 된다는 것은 잘 알려져 있습니다. 돼지고기는 유
대교에서도 먹으면 안 되는 음식입니다. 그 점에서는 똑같
습니다. 왜 돼지고기를 먹으면 안 될까요? "신께서 먹어서
는 안 된다고 하시니까." 이것이 이슬람교도의 대답일 것
입니다. 종교란 그런 것이지요. 단, 전문가는 당시 아라비
아 반도에서 돼지의 질병이 유행했기 때문이 아닐까 하고

추측합니다. 그리고 술을 마실 수 없는 이유는 술에 취하
면 신을 잊기 쉬워 예배를 게을리하게 되기 때문이라고
합니다.

아내는 네 명을 둘 수 있다?

이슬람교에 대해 이야기할 때 종종 화제에 오르는 흥밋
거리는 아내를 네 명까지 둘 수 있다는 사실이 아닐까요?
이에 대해『코란』은 다음과 같이 쓰고 있습니다.

만일 너희(스스로는) 고아에게 공정하게 대할 수 없다면 마음에
드는 여자를 아내로 맞이하는 것이 좋다. 두 명이든, 세 명이든,
네 명이든.(4장 3절)
(만일 너희가 고아들을 공정하게 대처하여줄 수 있을 것 같은 두려움이
있다면 좋은 여성과 결혼하라. 두 번 또는 세 번 또는 네 번노 좋으니라.)

여기서 말하는 고아란 '일가붙이가 없는 아이'가 아니라

'아버지가 없는 아이'를 말합니다. 무함마드 시대에는 연이은 전쟁에 남자들이 전쟁에서 죽는 바람에 미망인이나 아버지를 잃은 아이들이 많았습니다. 그 아이들을 모두 도와주고 싶지만 남은 아무래도 한계가 있기 때문에 아이가 있는 미망인과 결혼해 고아가 된 아이들을 도와줄 수 있다는 맥락입니다. 그렇다고 아내를 무제한으로 둘 수는 없지요. 최대 네 명까지만 둘 수 있다는 말입니다. 단 여러 아내를 모두 평등하게 대해야 한다고 쓰여 있습니다. 그렇게 할 자신이 없다면 그만두라고도요.

이 규정이 있다고 해서 많은 이슬람교도 남성이 아내를 여러 명 두는 것은 아닙니다. 모두 평등하게 대하려면 엄청난 재력이 필요하지요. 많은 가정에서는 아내가 한 명입니다. 이슬람 사회에서는 결혼할 때 부부 사이에 계약을 맺습니다. 이혼할 경우 재산을 어떻게 할지까지 정해 둡니다. 이때 남편에게 "아내는 나 하나뿐"이라는 계약을 맺게 하는 여성이 늘고 있다고 합니다. 이러면 부부의 동의 아래 일부일처제가 지켜지니 아무 문제 없습니다. 자기 입장을 지키는 여성의 지혜이지요.

여성이 베일을 쓰는 이유는?

이슬람교도 여성이 스카프를 쓰거나 베일을 두르는 것이 유럽 각국에서 문제가 되기 시작했습니다. 기독교 사회에 이슬람 문화가 스며들면서 사회적인 마찰이 생겼기 때문입니다.

그러면 왜 여성들은 베일을 쓰는 것일까요? 신이 무함마드에게 다음과 같이 말했기 때문입니다.

너, 예언자야, 네 아내들과 딸들, 일반 신도 여성들에게 (다른 사람 앞에 나설 때에는) 반드시 긴 옷으로 (머리부터 발까지) 몸을 감싸고 나가게 해라.(33장 59절)

(예언자여, 그대의 아내들과 딸들과 믿는 여성들에게 베일을 쓰라고 이르라. 그때는 외출할 때라.)

여성의 몸매 윤곽을 뚜렷이 드러내지 않게 함으로써 남성의 호기심 어린 눈으로부터 여성들을 보호하는 데 목적이 있습니다. 또한 『코란』에는 "아름다운 부분은 남에게 보이지 않도록" 하라고도 쓰여 있습니다. 그래서 이슬람교도 여성들은 반드시 머리카락을 가립니다. 여성의 머리카락이 '아름다운 부분'이기 때문이지요. 나라와 지역에 따라 어디까지 가릴지는 각기 다릅니다. 인도네시아에는 머리카락만 가리는 여성이 많은 반면, 사우디아라비아에서는 눈을 제외한 전부를 모두 가립니다.

수니파와 시아파

중동 정세 뉴스에서 수니파와 시아파라는 용어가 곧잘 등장합니다. 이는 이슬람교도 양대 세력입니다. 기독교가 로마 가톨릭과 동방정교회 또는 가톨릭과 프로테스탄트로 나뉘었듯이, 불교가 대승불교와 상좌부불교로 나뉘었듯이 이슬람교도 수니파와 시아파로 나뉘었습니다.

무함마드는 계승자를 정하지 않고 눈을 감았습니다. 신자들이 의논해 칼리프(예언자의 대리인)를 뽑습니다. 4대 칼리프가 무함마드의 딸과 결혼한 사촌동생 알리였습니

다. 그런데 알리는 신자들의 내분으로 암살되고 신자들
은 분열됩니다. 이때 "예언자 무함마드의 혈통을 잇는 자
야말로 정당한 후계자다"라고 주장하는 사람들이 '알리
의 당파'라 불렸는데, 머지않아 그들은 '당파'라 불리게
됩니다. 당파는 '시아'라고 합니다. 그래서 '시아파'라고 하
면 엄밀히는 '당파파'라는 뜻이 됩니다.

한편, 혈통과 상관없이 이슬람의 가르침과 그에 근거한
습관을 따르면 된다고 생각했던 다수파는 관습을 의미하
는 '순나'라는 말에서 수니파라 불리게 되었습니다. 그뒤
더 작은 파가 생겨나기도 했지만 이 두 파가 대부분을 차
지하고 있습니다.

수니파 학자들은 신도들이 지켜야 할 '관습'은 무함미드
와 행동을 함께한 신자들이 보고 들은 무함마드의 언행
에 근거해야 한다고 생각하여 전해져 내려오던 무함마드
의 여러 언행 기록을 모아서 정리했습니다. 이것이 『하디
스Hadîth』입니다. 『신약성경』의 네 권의 복음서가 예수의 언
행을 정리한 것이듯 『하디스』도 무함마드의 언행을 정리
한 것입니다. 시대가 바뀌어 『코란』에는 쓰여 있지 않은

문제가 생기기 시작하자 이슬람교 학자들은 『코란』과 『하디스』의 내용에서 추측하여 현대 이슬람교도의 올바른 삶을 정하게 됩니다.

이슬람교도가 수니파와 시아파로 나뉘면서 예배의 전통이나 중요시하는 제례 등에도 차이가 생겼지만 신자들끼리 대립하는 일은 원래 없습니다. 하지만 정치나 민족의 차이가 끼어들면서 대립이 일어납니다. 이를테면 이라크에는 수니파와 시아파가 있는데, 시아파 인구가 더 많습니다. 후세인 대통령 시절 수니파인 후세인 대통령이 수니파인 자기 친족이나 부족을 우대하며 이에 반대하는 시아파를 억압했습니다. 그 결과 시아파 내부에 반수니파 감정이 생겨났고 미국이 후세인 정권을 무너뜨리자 시아파와 수니파의 격한 대립 항쟁이 일어났습니다.

이슬람 원리주의란

일본에서는 이슬람교를 '어쩐지 무서운 종교'라는 이미지로 떠올리는 사람이 많은 듯합니다. 이슬람교 자체는 "착한 일을 하면 천국에 갈 수 있다"고 하는 온당한 종교이지만 테러 때문에 그런 인상을 갖는 듯합니다. 이슬람 원리주의 과격파가 테러 행위 등을 되풀이해왔기 때문이겠지요. 하지만 이슬람교와 이슬람 원리주의, 원리주의 과격파는 다릅니다. 이 사실을 잘 확인해둡시다.

그러면 이슬람 원리주의란 무엇일까요? 원래는 "무함마드가 살아 있던 이상적인 사회로 되돌아가자", "이슬람의 가르침을 통해 사회를 부흥시키자"는 운동을 말합니다. 내용만 보면 '이슬람 부흥운동'이라는 편이 사실에 더 가깝지만 기독교 원리주의를 떠올려 서양의 학자나 대중매체가 이렇게 이름을 붙였습니다.

기독교 세계에는 '기독교 원리주의'라는 사상 조류가 있습니다. 이는 『성경』에 쓰여 있는 내용을 한 글자, 한 구절 모두 있는 그대로 믿는 파입니다. 이 파 사람들에 따르면 『성경』에 신이 인간을 만들었다고 되어 있으므로 진화론 따위는 얼토당토않은 학설입니다. 사실 원리주의가 커다란 영향력을 미치는 미국 남부에서는 과거에 "학교

수업에서 진화론을 가르쳐서는 안 된다"라는 주법이 있
었던 적도 있습니다. 이런 사상 조류를 떠올려 "이슬람의
기본으로 돌아가라"라는 운동을 이슬람 원리주의라 이
름한 것입니다.

중동에는 1970년대 이후 급속한 경제 발전과 함께 서양
문화가 들어옵니다. 전통적인 베일을 벗어던지고 스커트
차림으로 거리를 활보하는 여성들의 모습도 볼 수 있게
되었습니다. 예배를 드리지 않고 술을 마시는 젊은이들도
눈에 띄기 시작했습니다. 전통적인 가르침을 지켜온 사람
들 눈에는 이런 모습이 타락으로 비쳤습니다. 또한 서양
사회를 동경하기는 하지만 서양에서 '이슬람교도'라 불리
면서 스스로가 이슬람교도라는 자각에 눈을 뜬 젊은 세
대도 있었습니다.

이런 생각 때문에 현상황을 변혁하고 이슬람적인 이상의
부흥을 추구하는 운동이 활발해졌고 이를 원리주의라 부
르게 되었습니다. 이슬람 원리주의 자체는 폭력이나 테러
와는 아무 상관이 없습니다. 슬럼가에서 가난으로 고통
받는 사람들을 도와주거나 치료활동을 하는 조직도 있

어 많은 주민의 지지를 받고 있습니다. 단 이슬람 부흥운동을 위해서라면 폭력도 허용할 수 있고 서양문화와 싸우는 것은 지하드(성전)라고 생각하는 일부 조직이 생겨나 서양사회에서 보면 테러라 부를 만한 행동을 합니다. 이런 조직을 이슬람 원리주의 과격파라 부릅니다.

이슬람 금융이 활발해지다

요즘 경제 뉴스에서 '이슬람 금융'이라는 말을 자주 듣습니다. 이는 이슬람의 가르침에 거스르지 않도록 금융업을 경영한다는 뜻입니다. 사실 『코란』은 이자 받기를 금하고 있습니다.

알라가 장사는 허락하셨다. 하지만 이자를 받는 것은 금하셨다. 신께서 하신 말씀을 듣고 얌전히 그런 짓(이자를 받는 일)을 그만두면 그때까지 벌어들인 것만큼은 못 본 척해주실 테고, 어쨌든 알라가 나쁘게 대하지는 않으실 것이다. 하지만 또 그 일로 되돌

아가면 그때야말로 지옥불의 주민으로 만들어 영원히 꺼내주지 않으실 것이다.(2장 276절)

(하나님께서 장사는 허락하였으되 고리대금은 금지하셨노라. 주님의 말씀을 듣고 고리업을 단념한 자는 지난 그의 과거가 용서될 것이며 그의 일은 하나님과 함께하니라. 그러나 고리업으로 다시 돌아가는 지 그들은 불지옥의 동반자로서 그곳에서 영주하리라. - 2장 275절)

돈을 빌려주고 이자를 받는 일은 불로소득에 해당한다고 생각한 것입니다. 하지만 그렇다고 돈을 빌려주고도 이자를 받지 못하면 금융업도 성립하지 않을 테고 자금을 빌려주는 사람도 없어지겠지요. 그래서 이런 가르침은 있어도 실제로는 이슬람권에서도 서양식 금융이 이루어졌습니다. 중동에서 나오는 방대한 오일머니를 서양 금융기관에 맡겨두고 있었던 것이지요. 그런데 2001년 9월 11일에 일어난 미국 동시다발 테러 이후 미국이 테러에 관여했다고 판단한 조직의 은행 계좌가 폐쇄되는 등의 대응이 있었습니다. 서양과 이슬람권의 '문명 대립' 같은 사태가 일어난 결과 오일머니가 중동으로 되돌아가게 됩니다. 이런

자금을 이슬람의 가르침에 거스르지 않는 형태로 운용하
자는 여론이 높아져 이슬람 금융이 활발해졌습니다.

이슬람 금융의 특징은 금융을 '장사'로 바꾸어놓는 점입
니다. 알라가 장사는 허락했으니까요. 우리가 은행에 자
금을 맡기고 은행이 기업에 자금을 빌려주면 통상적으로
는 기업이 이자를 붙여서 은행에 자금을 변제하고 은행
은 받은 이자의 일부를 우리에게 지불합니다. 하지만 그
러면 우리나 은행은 『코란』의 가르침에 어긋나는 행동을
한 셈입니다.

그래서 예를 들면 우리와 은행이 함께 자금을 모아 기업
을 매수합니다. 기업 경영자는 이 자금으로 업무를 넓혀
갑니다. 기업이 성장한 단계에서 기업 경영자는 기업을 되
삽니다. 당연히 처음에 기업을 매수했을 때보다 금액이
많아집니다. 이 차액을 은행과 우리가 나누어 가집니다.
이는 투자라는 장사를 한 셈이니 『코란』의 가르침에는 어
긋나지 않는 셈이지요. 실제 이슬람 금융에서는 그 밖에
도 다양한 수법을 고안해내고 있습니다.

『코란』의 가르침을 따르면서 일을 하려면 어떻게 해야 할

까요? 이슬람에는 뜻밖에 유연한 부분이 있음을 이해했
나요?

국제분쟁에 이슬람이 얽혀 있는 이유는 이슬람이라서 분
쟁이 되었다기보다는 분쟁지역에 우연히 이슬람교도가 살
고 있었기 때문인 경우가 많습니다. 그렇다고 해도 7세기
에 아라비아 반도에서 태어난 이슬람교와 『코란』이 21세
기 세계를 움직입니다. 이것이 바로 종교가 지니는 역동
성이겠지요.

출전

井筒俊彦訳『コーラン　上, 中, 下』(岩波文庫); 본문에 인용된 코란 주해의 경우 저자의 의도에 충실을 기하기 위해 가능한 한 이 책에서 인용한 내용을 따랐다. 참고로 한국 이슬람교 사이트(www.koreaislam.org)에서 제공하는 최영길 교수의 주해에서 해당 부분을 찾아 병기해두었다. 본문과 한국어 주해가 다를 경우에는 장, 절도 표시해두었다.

제 4 장

프로테스탄티즘의 윤리와
자본주의 정신

Die protestantische Ethik

und der Geist des Kapitalismus

막스 베버

1904, 1905년 발표 독일

막스 베버(1864~1920)

노동자는 노동을
신이 바라는 생활의
목적이라 생각하고
열심히 일했다.

종교와 경제의 뜻밖의 관계를 분석

앞의 세 장에서는 유대교, 기독교, 이슬람교와 같이 종교
에 대해 살펴보았습니다. 이 장에서는 종교가 경제활동에
뜻밖의 영향을 미쳤다는 분석을 담은『프로테스탄티즘의
윤리와 자본주의 정신』에 대해 알아보겠습니다. 이 책의
논지에 의하면 리먼 쇼크가 대표하는 미국의 탐욕적인
금융업계를 형성한 것은 금욕을 설파한 기독교의 가르침
이었다고 합니다.

군대는 '폭력장치'?

2010년 가을, 당시 관방장관이던 센고쿠 요시토(仙谷由人)
가 자위대를 가리켜 '폭력장치'라 발언해 물의를 일으켰
습니다. 이는 러시아혁명을 이끈 레닌의 표현으로 알려져
있습니다. 레닌은『국가와 혁명』에서 자본주의 국가가 노
동자의 저항을 억압하기 위해 소유하는 경찰이나 군대를

그렇게 불렀습니다. 센고쿠 씨가 도쿄 대학 재학 시절 학
생운동에 가담한 적이 있어서 "좌파 표현이 튀어나왔다"
라는 평을 들었지만, 사실은 막스 베버도 『직업으로서의
정치』에서 순수하게 학술적인 의미로 국가만이 경찰이나
군대라는 폭력을 독점할 수 있다고 한 적 있습니다.

자, 젊은 센고쿠 청년은 어떤 책의 영향을 받았을까요?
당시 학생이라면 두 권 다 읽었다 해도 이상하지 않지만
요. 이런 맥락에서 막스 베버를 알면 사회주의 혁명가라
고 여길지도 모르겠지만 그렇지 않습니다. 오히려 레닌 등
의 마르크스주의적 발상에 이의를 제기한 인물입니다.

베버는 1864년에 독일(당시에는 아직 프로이센 왕국)에서 태
어났으며 프라이부르크 대학과 하이델베르크 대학에서
사회학과 경제학을 가르쳤습니다. 『프로테스탄티즘의 윤
리와 자본주의 정신』외에 『직업으로서의 학문』, 『직업으
로서의 정치』같은 책도 잘 알려져 있습니다. 특히 『직업
으로서의 정치』에서는 정치가에게 요구되는 자질에 대해
이야기하는데, 지금의 정치가에게도 권하고 싶은 내용입
니다.

종교가 경제에 미치는 영향을 분석하다

베버가 마흔 살 때 쓴 『프로테스탄티즘의 윤리와 자본주의 정신』은 종교가 경제에 미치는 영향을 분석해 세상 사람들을 놀라게 했습니다. 당시 영향력을 갖기 시작한 마르크스주의는 사회를 상부구조와 하부구조로 나누고 하부구조인 경제가 상부구조인 문화나 정치에 영향을 미친다고 주장했는데, 그의 책은 이에 대한 반론이기도 했습니다.

일본에서는 마루야마 마사오(丸山眞男, 정치학자로, 『현대 정치의 사상과 행동』, 『일본의 사상』 등을 썼다―옮긴이)나 오쓰카 히사오(大塚久雄, 경제사학자로, 유럽 자본주의의 성립 역사를 연구했으며 마루야마 마사오와 더불어 일본 전후 민주주의를 대표하는 학자 가운데 한 명이다―옮긴이) 같은 학자에게 커다란 영향을 미쳐 경제학이나 사회학을 배우기 위한 필수 노서라 여겨졌습니다. 이 책의 내용은 2부로 구성되어 있습니다. 제1부 "문제 제기"에서는 당시 유럽 자본주의 경제의 최첨단을 이끄는 사람들 가운데 프로테스탄트가 많다는 사실을 지적합니다. 그러고 나서 제2부 "금욕적인 프로테스탄티즘의 직업윤리"에서는 엄격한 금욕주의를 지키던 프로테스탄트가 직업윤리를 지킴으로써 자본주의 경제에서 성공을 거둔 경로를 분석합니다.

프로테스탄트 국가에서 자본주의가 발전했다

기독교에서는 16세기 종교개혁으로 기존의 로마 가톨릭에서 프로테스탄트가 생겨났습니다. 그 이전에 탄생한 동방정교회까지 꼽으면 기독교는 크게 세 종파로 나뉩니다. 그 가운데 유럽에서는 가톨릭과 프로테스탄트가 2대 종파입니다. 그런데 경제활동 면에서 큰 차이가 있습니다. 베버는 다음과 같이 시작합니다.

독일 내에서도 다양한 종파에 대한 신앙이 있는 지역의 직업 통계를 조사해보면 어떤 현상이 두드러진다. …… 그것은 자본가나 기업 소유자뿐 아니라 교양이 높은 상층 사원들, 특히 근대적인 기업의 직원으로 기술적 교육이나 상업적 교육을 받은 사람들 가운데에는 **프로테스탄트적** 성격이 강한 사람들이 압도적으로 많다는 사실이다.(45쪽)

또한 베버는 당시 독일에서 고등교육을 받거나 기업 관리직이 되려는 사람들 가운데에는 프로테스탄트 비율이 전체 신자 비율보다 높다는 사실에 주목했습니다. 여기서는 "특히 고향과 가족의 종교적인 분위기 때문에 결정되는 교육의 방향성이 중요한 역할을 하고 있음은 분명할 것이다"(51쪽)라고 결론을 내립니다.

자, 왜일까요? 이에 대해 베버는 이렇게 지적합니다. 가톨릭교회의 지배는 온건하고 형식적이었지만 프로테스탄트의 지배는 "가정 내의 사적인 생활부터 직업적이고 공적인 삶의 모든 영역에 이르기까지 생각할 수 있는 한 가장 넓은 범위에 걸쳐 신도의 생활 전부를 규제했으며, 한없이 성가시고 진지한 규율을 동반했다."(47쪽) 즉 프로테스탄트 지배로 인해 아이들은 수준 높은 교육을 받고 사회 상층부를 목표하게끔 길드는 것이라는 주장이지요.

이와 같은 프로테스탄트 지배로 '자본주의 정신'이 생겨
남으로써 프로테스탄트는 경제적인 성공을 거둡니다. 그
러면 '자본주의 정신'이란 무엇일까요? 베버는 이렇게 펜
을 움직입니다.

베버가 '자본주의 정신'을 실현하는 사람으로 본 이는 미
국의 벤저민 프랭클린이었습니다.

'자본주의 정신'이란

벤저민 프랭클린은 미국의 100달러 지폐에 그려진 인물
입니다. 그야말로 미국 자본주의를 대표하는 존재입니다.
1706년에 태어나 사업에 성공한 뒤 정치가로 변신하여 미
국 독립운동에 공헌했습니다. 천둥이 치는 가운데 연을
날려 번개가 전기임을 증명했다는 일화도 잘 알려져 있듯
이 프랭클린은 물리학자이기도 했습니다. 피뢰침을 발명
한 것으로도 유명하지요.

프랭클린은 절제, 절약, 근면, 성실 등의 덕목을 지키며

성공을 거두었습니다. 그는 어떤 말을 했을까요? 베버는 이렇게 인용합니다. "**시간은 돈**임을 잊어서는 안 된다. 자기 노동으로 하루에 10실링을 벌 수 있는 사람이 반나절 동안 돌아다니거나 아무것도 하지 않고 게으름을 피우면 기분 전환이나 나태를 위해서는 6펜스밖에 쓰지 않았다 해도 이것이 비용의 전부라고 생각하지 말아야 한다. 실제로는 이보다 5실링을 더 썼다. 아니 버린 것이다."(72쪽) 반나절을 놀면서 낭비했을 경우 낭비한 금액만을 신경쓰지만, 그와 더불어 얻을 수 있었을 돈도 낭비한 것과 마찬가지라는 말입니다. 참고로 여기 나오는 화폐 단위는 영국식입니다. 당시 미국은 영국의 식민지였기 때문입니다. 프랭클린은 그 밖에도 정직하기, 시간 정확히 지키기, 근면하기, 절약하기 등도 신용을 쌓는 데 도움이 된다고 했습니다.

베버는 이를 '자본주의 윤리(에토스)'라고 말합니다. 자본주의는 "중국, 인도, 바빌로니아에도 있었고 고대나 중세에도 있었다. **하지만 지금부터 검토하겠지만 이런 자본주의에는 여기서 고유하게 드러나는 에토스가 결여되어 있었다.**"(76쪽)

그렇다면 그 '윤리'란 무엇일까요?

모든 천진난만한 향락을 엄격하게 물리치고 한결같이 돈을 버는
것…… 이것이 순수한 자기 목적이라 생각된다. …… 이익을 얻
는 것이 인생의 목적 자체라고 생각되지, 인간의 물질적인 생활
의 욕구를 충족시킨다는 목적을 실현하기 위한 수단으로는 생각
되지 않는다.(77쪽)

이 같은 베버의 주장을 소개하면 "잠깐만" 하면서 반박하
고 싶어질지도 모르겠습니다. 금전욕에 사로잡힌 사람들
은 오랜 옛날부터 있었기 때문입니다. 베버는 그런 반박
을 예상하고 있었습니다. 돈을 벌려는 후안무치한 욕구는
과거에도 있었지만 이는 장기적으로 볼 때 결코 잘 풀리
지 않습니다. "정당한 이윤을 조직적이고 합리적으로 **직
업으로서** 추구하려는 마음가짐"을 자본주의 정신이라 부
릅니다.
이 마음가짐은 자본주의적인 기업을 추진하는 원동력으로 가장
알맞은 작용을 했다.(89쪽)

'자본주의 정신'이 경제를 발전시켰다

19세기 후반까지 유럽 경제는 목가적이었습니다. 사람들은 생활할 수 있을 만큼의 수입만 있으면 그 이상은 일하려 하지 않았습니다. 공장주가 노동자에게 일을 더 시키려고 임금을 인상하면 노동자들은 기존 수입에 해당하는 시간만큼만 일할 뿐 더 이상은 일하려 하지 않아 오히려 노동시간이 줄어들었다고 합니다. 하지만 새로운 유형의 혁신자가 나타나 경제를 크게 바꿉니다. 열심히 일하고 격한 경쟁을 이겨내 거액의 이익을 얻은 사람들입니다.

엄격한 생활 규율 아래에서 자라 모험하는 동시에 곰곰이 생각하는 사람들, 특히 시민적인 관점과 원칙을 몸에 익히고 **냉정한 시선으로 해이해짐 없이** 면밀하고 철저하게 일에 종사하는 사람들이 바로 이런 전환을 수행했다.(93쪽)

자신의 개인적인 시간을 희생하면서까지 열심히 일하는 사람들. 그들은 왜 그렇게까지 일을 할까요? "살기 위해

피할 수 없는 일"이 되었기 때문이라고 답하는 사람들이
많을 것입니다. 말하자면 다음과 같습니다.

인간이 일을 위해 존재하는 것이지 일이 인간을 위해 존재하지는
않는다는 것이다. 개인의 행복이라는 관점에서 보면 이는 참으로
비합리적인 면을 명백히 보여준다.(94쪽)

이들이 갖고 있는 것이 '자본주의 정신'입니다. 그러면 왜
이런 사람들이 나타났을까요?
여기서 베버가 주목한 점은 경제적으로 성공한 사람들
가운데 프로테스탄트가 많다는 사실이었습니다. 또한 직
업을 뜻하는 독일어 '베루프(beruf)', 영어 '콜링(calling)'에
는 '신이 준 사명(천직)'이라는 관념이 포함되어 있습니다.
가톨릭이 주류인 나라들의 언어에는 이런 관념이 포함되
어 있지 않지만 프로테스탄트가 주류인 나라의 말에는 이
런 의미가 들어 있습니다. 베버는 바로 이 부분을 눈여겨
보았습니다. 프로테스탄트가 성서를 각 나라 말로 번역할
때 이런 관념을 들여왔기 때문이라는 것이었습니다.

일찍이 유럽의 성서는 라틴어판과 그리스어판밖에 없었기
에 일반 서민은 성서를 읽을 수 없었습니다. 그러다 종교
개혁으로 각국어판 성서가 출판되었습니다. 이를 통해 베
버는 프로테스탄트가 '자본주의 정신'을 확립했다는 가설
을 세우고 프로테스탄트의 교의를 분석하기에 이릅니다.

종교개혁이란

프로테스탄트는 종교개혁으로 생겨났습니다. 그러므로 여
기서 잠깐 종교개혁에 대해 복습해둡시다.

종교개혁은 16세기에 독일과 스위스에서 시작되었습니
다. 가톨릭에서는 일상생활에서 죄를 지으면 신부에게 고
해(참회)함으로써 용서받았습니다. 이를 발전시켜 교황 레
오 10세는 속유장(면죄부)을 팔기 시작했습니다. 로마의
산피에트로대성당을 신축할 자금을 소날하기 위해서였습
니다. 교회를 위해 기부하면 그 공적에 따라 과거의 죄를
용서받고 천국에 갈 수 있다고 말입니다.

이에 대해 독일의 마르틴 루터는 사람은 신앙으로써만 구
원받는다고 주장하며 교황의 방침을 엄격하게 비판하고
기독교 개혁운동을 시작했습니다. 그는 성서를 독일어로
번역하여 독일 서민들이 성서 내용을 이해할 수 있게 했
습니다. 또한 스위스에서는 프랑스인 칼뱅이 독자적으로
개혁을 추진했습니다. 이 개혁은 눈 깜짝할 사이에 전 유
럽으로 퍼져나갔고 영국에도 전해져 큰 세력을 형성했습
니다. 그들은 기존의 교회 권력에 저항하는 사람(프로테스
탄트)이라 불렸습니다.

프로테스탄트는 로마 교황의 권위를 인정하지 않고 성직
자의 특권도 부정했습니다. 그들은 북아메리카로 건너가
미국을 세우게 됩니다.

칼뱅의 '예정설'

종교개혁 가운데 칼뱅의 가르침은 '예정설'이라 부릅니다.
이는 신의 절대 주권이 특징입니다. 신은 전능하고 세계

의 모든 일을 미리 정해두었습니다. 따라서 개개인의 구원 여부도 이미 정해져 있다고 설명합니다. 인간을 위해 신이 있는 것이 아니라 신을 위해 인간이 존재합니다. 신은 신의 영광을 보여주기 위해 어떤 사람에게는 영원한 생명을 주고 어떤 사람에게는 영원한 죽음을 줍니다. 이런 이유로 '예정설'이라 부르게 되었습니다.

자, 이 교의는 어떻습니까? 정말 엄격하지요. 가톨릭에서는 선행을 쌓고(교회에 기부하는 일도 선행에 포함됩니다) 좋은 기독교 신자로 살아가면 죽은 뒤에 천국에 갈 수 있다고 여깁니다. 하지만 예정설에서는 현세에서 선행을 쌓아도 천국에 갈 수 있다고 보장받지 못합니다.

그러면 신자들에게는 자신에게 '영원한 생명'이 주어졌는지가 가장 큰 물음이 됩니다. 하지만 신의 결의를 인간 나부랭이가 어떻게 알 수 있겠습니까. 만일 인간이 신의 결의를 알 수 있었다면 이는 신이 그것을 바랐기 때문이라고 할 수 있을 것입니다.

이 교의가 널리 퍼진 결과 유럽 세계에서는 어떤 일이 일어났을까요? 베버는 다음과 같이 이야기합니다.

이 비장할 정도로 비인간적인 교의는 그 장대한 귀결을 받아들인 세대에 속한 신도들의 마음에 매우 커다란 결과를 가져왔다.

인간은 유구한 옛날부터 정해진 운명을 향해 혼자 고독하게 걸어 가야 하고…… 다른 누구도 도와주지 않는다. 목사도 그를 도울 수 없다. …… 어떤 교회도 도와주지 않는다.(182쪽)

여기서 세계를 **주술에서 해방한다**는 종교사의 위대한 과정이 마침내 완료되었다. …… 신이 구제를 거부하기로 결의한 인간들에게 신의 은총을 내릴 수 있는 주술적인 방법 같은 것은 있을 수 없고 애당초 어떤 방법을 써도 이는 불가능하다.(183쪽)

그리하여 유럽 세계에서 주술이 쇠퇴해간다는 것입니다. 또한 개인주의가 정착하기도 합니다.

'구원의 확증'을 스스로 만들다

칼뱅의 가르침은 칼뱅파 신자들에게 불안을 가져다주었습니다. "나는 내세에서 구원받을까?"라는 의문에 답을 쉽게 찾을 수 없기 때문입니다. 가톨릭에서는 현세에서 선행을 쌓으면 내세에는 천국이 약속됩니다. 하지만 칼뱅파는 구원받지 않는다고 예정되어 있으면 아무리 선행을 쌓아도 소용없습니다. 그러면 어떻게든 자신이 구제를 받을 예정이라는 확실한 증거를 얻고 싶어하기에 이릅니다.

칼뱅파 신도는 **항상** 자신이 선택을 받았는가, 아니면 신에게 버림받았는가라는 양자택일의 물음 앞에서 스스로를 **끊임없이 음미함으로써** 구원을 이루어낼 수 있다.(198쪽)

하지만 어떻게?

신도들은 자신이 선택받은 지고라고 **믿는 것**을 절대적인 의무라여기고 이에 의심을 품는 것은 악마의 유혹이므로 뿌리쳐야만 했다. 자기에 대한 확신이 없다는 것은 신앙이 부족함을 보여주는 셈이고 은총의 작용도 부족하기 때문이라고 여겨졌다.

이런 자기 확신을 얻기 위한 뛰어난 수단으로 **직업노동에 쉬지 않고 종사하는 것**을 철저히 가르쳤다. 이 직업노동만이 종교적인 의혹을 뿌리치고 은총을 받은 상태에 있다는 '구원의 확증'을 가져다줄 수 있다.(194쪽)

애초에 프로테스탄트에서 직업이란 '베루프(천직)', 즉 신이 준 의무이므로 이에 종사하는 것이 신의 명령을 따르는 일이 됩니다. 신은 신의 영광을 보여주기 위해 구원할 인간과 구원하지 않을 인간을 정해두었으므로 '신의 영광을 보여주기' 위해 최선을 다할 수 있다면 그는 구원받을 인간으로 선택되었다는 확실한 증거가 될 것입니다. 그래서 '신의 영광을 보여주기' 위해 신이 내린 직업에 있는 힘을 다합니다.

노동에 모든 힘을 쏟기 위해서는 생활을 합리화해야 합니다. 쓸데없는 시간을 보내면서 '신의 영광을 보여주기'란 불가능합니다. 나태한 생활도 금물입니다. 나태한 생활을 한다는 것은 자신이 신의 선택을 받지 못한 존재임을 증명하기 때문입니다. 이를 위해서는 한결같이 금욕적인 생활을 해야 합니다.

자, 이렇게 해서 프로테스탄트(칼뱅파) 사람들은 일에 온 힘을 쏟게 됩니다. 노동에 몰두할 수 있는 것이 곧 내세에서 구원받으리라는 확실한 증거를 얻는 일입니다. 몰두해서 일하면 일할수록 돈이 모입니다. 즉 자본이 쌓입니다.

재산에 안주해서는 안 된다

돈이 모여도 그것에 만족하고 안주해서는 안 됩니다. 신도에게는 금욕적인 생활이 요구되기 때문입니다.

윤리적으로 볼 때 부정해야 할 것은 신도들이 소유함으로써 **안식하는** 일이고, 나아가 부를 **향유함**으로씨 나태나 육욕으로 귀결되는 것…… 재산을 소유하는 일은 이런 안식을 가져온다는 **바로 그 이유로** 의심스럽다고 판단되었다. 왜냐하면 '성도의 영원한 휴식'은 내세에서 주어질 테고 지상에서 신도들은 자신이 구원 상태에 있음을 확실히 증명하기 위해 "낮 동안에는 그를 보내신 분의 업을 행해야만 하기" 때문이다.(336쪽)

시간을 낭비하는 일은 모든 죄 가운데에서도 제일가는 죄이고 원칙적으로는 가장 무거운 죄이기도 하다.

노동 의욕이 결여되었다는 것은 은총의 지위를 상실했음을 보여주는 징후다.(338쪽)

재산이 있는 사람도 일하지 않고 먹어서는 안 된다. 이는 [재산이 있으면] 살기 위해 노동할 필요가 없다고는 해도 [일하라고 하는] 신의 명령에는 가난한 사람과 똑같이 복종해야 하기 때문이다.(338~339쪽)

어떻습니까? 앞에서 살펴본 벤저민 프랭클린의 사고방식 그대로이지요. 자본주의 정신은 이렇게 확립되어 나갑니다. 열심히 일해서 재산이 모이면 그것으로 편안하게 생활하겠다라는 생각을 하고 있다면 부자는 자본가가 되지 못합니다. 모은 재산을 게으르게 탕진할 것이 아니라 더욱더 '신의 영광을 보여주기' 위해 열심히 일해야 합니다. 게다가 돈벌이조차 의무가 됩니다.

생활의 여러 사건들 속에서 신의 작용을 발견하며 신이 신도 한 명에게 이익을 얻을 기회를 보여주었다면 이 또한 신의 의도임이 틀림없다. 그러므로 신심이 깊은 기독교인이라면 신의 이런 '부름'에 응해 이 기회를 활용해야 한다.

부가 위험하다고 여겨지는 것은 나태한 휴식이나 죄 많은 생활을 향유하려는 유혹이 될 경우뿐이다. 그리고 부를 추구하는 일이 위험하다고 여겨지는 것은 장래를 걱정 없이 안락하게 사는 것을 목적으로 할 경우뿐이다. 직업의 의무를 수행함으로써 부를 얻는 일은 도덕적으로 허용될 뿐 아니라 실로 명령되기까지 한다.(342쪽)

그리하여 사본주의가 발전했다

'신의 영광을 보여주기' 위해 신이 준 직업을 '천직'으로 받아들여 시간을 낭비하거나 게으른 생활을 하지 않고 계속 일하는 것. 이렇게 해서 재산이 모여도 이를 낭비해서는 안 됩니다. 소비하지 않고 자본을 다시 투자합니다. 이를 계속하다보면 막대한 자본이 형성됩니다.

가족이 함께 일하다 재산이 모이면 그것으로 만족해서는 안 됩니다. 일을 더욱 열심히 계속해야 하므로 이를 위해서는 새로 종업원을 채용해야겠지요. 그래서 이익이 올라가면 공장을 세웁니다. 돈벌이에 성공해도 안주할 수 없으니 공장을 넓히거나 다른 곳에 새로운 공장을 짓습니다. 그리하여 사업은 발전해갑니다. 이게 바로 자본주의입니다.

자본주의의 격차 확대도 용인된다

열심히 일하는 이는 자본가뿐만이 아니지요. 노동자도

'신의 영광을 보여주기' 위해, 자신이 '구원받으리라는 확증'을 받기 위해 필사적으로 일합니다.

실업가는 종교적인 금욕의 힘으로 성실하고 양심적이며 이례적일 정도의 노동능력을 지닌 노동자를 고용할 수 있었고, 노동자는 노동을 신이 바라는 생활의 목적이라 생각하고 열심히 일했다.(358쪽)

돈을 벌기 위한 자본주의가 발전하면 격차가 커지는 문제가 생깁니다. 그런데 프로테스탄트의 발상에서 이런 격차 확대는 문제가 되지 않습니다.

시민적인 실업가는 지금 이 세상에서 재산이 불평등하게 분배되어 있더라도 이는 신의 특별한 섭리의 작용이라 여기고 마음을 편히 가질 수 있었다. 신은 특별한 은총을 사람들에게 주는 것과 마찬가지로 이런 치이를 만듦으로써 인간은 인식할 수 없는 비밀스러운 목적을 추진하고 있다고 스스로에게 보증하는 것이었다.(358쪽)

자본주의를 임격하게 비판한 독일의 혁명 사상가 카를 마르크스는 종교를 아편이라고 비판했습니다. 자본주의가 발전하여 가난으로 고통받는 노동자들이 기독교를 통한 내세의 구원을 바랄 뿐 현재의 가난을 해소하기 위해 일어나지 않는 상태를 그렇게 말했습니다. 베버의 분석을 읽으면 마르크스가 무슨 말을 하고 싶은지도 알 법합니다.

이윽고 종교적인 의미가 사라지고……

자본주의 정신은 기독교의 프로테스탄트 윤리 때문에 생겨났습니다. 이는 막스 베버의 분석입니다. 하지만 베버는 프로테스탄트가 미국으로 건너가자 '직업의 의무'만 남고 종교적인 중심은 사라졌다고 지적합니다.

영리활동이 가장 자유롭게 해방된 장소인 미합중국에서도 영리활동은 종교적인 의미나 윤리적인 의미를 빼앗기고 이제는 순수한 경쟁의 정열과 결합되는 경향이 있다. 때로는 스포츠의 성격

을 따는 일도 드물지 않다.(366쪽)

유럽의 근대 자본주의는 애초에 '신의 영광을 보여주기' 위해 돈벌이를 장려함으로써 발전했지만 미국으로 건너가서는 '돈벌이는 장려되는 것'이라는 형태만 남았습니다. 이것이 미국의 탐욕스러운 자본주의를 낳았다는 분석입니다.

미국의 금융가 월스트리트에서 일하는 자본가들이 얼마나 탐욕스러운지는 잘 알려져 있습니다. 이런 탐욕이 서브프라임 론이라는 경제적인 약자를 착취하는 수법을 낳고, 거대한 거품을 만들어냈으며, 이윽고 리먼 브라더스의 경영 파탄을 일으켰습니다. 이 책이 출판된 때는 1904년인데, 마치 이를 예언하는 듯한 구절이 아닙니까?

다른 의견도 있지만……

막스 베버의 책은 큰 충격을 주었습니다. 탐욕스러운 자

본주의 정신이 금욕적인 프로테스탄트 윤리에서 생겨났
다고 하니 놀라는 것도 당연하겠지요.

베버의 주장에 대한 다른 의견도 당연히 있습니다. 그러
면 일본의 자본주의 정신은 어디서 생겨났느냐 하는 당
연한 반박도 예상할 수 있겠지요. 일본은 서양 같은 기독
교 사회가 아니었는데도 신용을 중요시하고, 시간에 정확
하며, 아껴 쓰면서 부를 쌓는 '자본주의 정신'이 발달했기
때문입니다. 여기에는 "하느님이 보고 계신다"라는 독자
적인 종교적 배경이 있었을 수도 있지만 이를 논하는 것
은 이 글의 취지가 아닙니다.

그뿐 아니라 막스 베버 연구가 하뉴 다쓰로(羽入辰郎) 씨는
『막스 베버의 범죄 :『윤리』논문의 자료 조작 속임수와 '지
적 성실성'의 붕괴』라는 자극적인 책에서『프로테스탄티즘
의 윤리와 자본주의 정신』이 자의적인 수법으로 자료를
인용했다고 엄격히 비판합니다.

한편, 이 비판에 대해서는 막스 베버 연구가 오리하라 히
로시(折原浩) 씨가 강하게 반론했습니다.『베버학을 권함』
같은 책을 내는 등 논쟁이 벌어졌지만 여기서는 다루지

않겠습니다. 『프로테스탄티즘의 윤리와 자본주의 정신』을 읽음으로써 종교와 경제의 뜻밖의 결합을 논하는 일이 가능하다는 사실을 알았다면 이 장의 역할을 다한 것입니다. 앞 장의 『코란』에서 이슬람교 교의에 거스르지 않으려 하다보니 '이슬람 금융'이 발달했다고 이야기했습니다. 종교는 여러 가지 생활이나 인간활동에 영향을 주고 있습니다. 이 사실을 머릿속 한편에 기억해두면 좋겠습니다.

출전

マックス・ウェーバー著, 中山元訳 『プロテスタンティズムの倫理と資本主義の精神』(日経BPクラシックス); 김덕영 옮김, 『프로테스탄티즘의 윤리와 자본주의 정신』, 길, 2010 외. 번역에서는 저자의 의도에 충실을 기하기 위해 가능한 한 앞의 책에서 인용한 내용을 따랐다. 참고로 인용된 부분에 해당되는 번역서 쪽수를 병기해두었다

참고문헌

島田裕巳 『金融恐慌とユダヤ・キリスト教』(文春文庫)

제 **5** 장 자 본 론

Das Kapital

카를 마르크스

초판 1867년 영국(독일어)

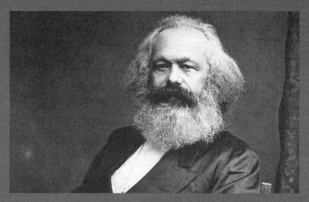

카를 마르크스(1818~1883)

자본주의적인
사적 소유의
종말을 알리는
종이 울린다.
수탈자들의 사유재산이
박탈당한다.

경제 격차, 금융위기를 예측했다

2008년 9월에 발생한 리먼 쇼크와 이를 이은 세계 금융
위기는 세계 경제를 큰 혼란에 빠뜨렸습니다. 일본도 그
영향에서 벗어날 수 없었습니다. 기업에서는 구조 조정이
진행되어 파견 노동자가 단번에 잘리는 사태가 각지에서
벌어졌습니다. 일본 경제는 불황에 빠졌습니다.

정사원의 급여는 인건비이지만 파견 노동자에게 주는 돈
은 물건비입니다. 사무용품을 사는 비용과 똑같이 취급
합니다. 정사원을 해고하려면 절차가 번거롭지만 사무용
품은 안 사면 그만입니다. 인간이 마치 물건처럼 쓰다 버
려지는 현실이 널리 알려졌습니다. 프롤레타리아 작가인
고바야시 다키지(小林多喜二)의 소설 『게잡이 공선』이 갑자
기 잘 팔리는 현상도 일어났습니다.

이후 카를 마르크스의 『자본론』이 다시 주목을 받았습니
다. 마르크스는 일찍이 자본주의가 왜 비인간적인 경제체
제인지를 설명했습니다. 마르크스의 이론은 러시아혁명
을 일으켰고 머지않아 사회주의 체제를 채택하는 나라들

이 늘어났습니다. 마르크스의 『자본론』이 세계를 바꾸었습니다. 그런데 동서 냉전이 끝나고 구소련의 붕괴가 대표적으로 보여주듯이 사회주의 체제의 한계가 분명해진 뒤로 마르크스의 주장은 완전히 외면당했습니다. 하지만 리먼 쇼크를 계기로 마치 예언자처럼 부활합니다. 아이러니컬한 이야기입니다.

마르크스의 이론은 어떤 것이었을까요? 이 장에서는 마르크스의 대표작 『자본론』을 살펴보겠습니다.

마르크스는 어떤 사람?

카를 마르크스는 1818년 5월 5일 일본의 '어린이날'에, 아직 독일이 탄생하기 전인 프로이센의 유대인 가정에서 태어났습니다. 훗날 부모님이 기독교로 개종하지만 "유대인 어머니에게서 태어난 아이는 유대인"이라는 규정에 따르면 마르크스는 유대인이었습니다. 본 대학 법학부를 거쳐 베를린 대학 법학부에 진학하지만 헤겔 철학에 푹 빠져 철학박사 학위를 받습니다. 아버지와 같은 변호사가 될 줄 알았는데, 먹고사는 일이 걱정되는 철학의 길로 나아가 저널리스트가 됩니다.

프로이센에서 신문기자가 되었지만 정부를 비판했다는 이유로 신문이 발행 금지를 당합니다. 마르크스는 파리와 브뤼셀을 거쳐 런던으로 이주한 뒤 대영 도서관을 오가며 경제학을 연구했습니다. 그 성과를 바탕으로 자본주의를 비판하는 『경제학 비판』을 펴냅니다. 『자본론』은 이 책의 속편으로 나왔습니다. 또한 마르크스는 친한 친구 엥겔스와 함께 공산주의 운동도 시작합니다. 두 사람이 함께 쓴 『공산당 선언』은 조직의 선언문이라 할 수 있습니다.

『자본론』 초판은 1867년 런던에서 출판되었습니다. 독일어로 쓰였고 부수는 고작 1,000부였습니다. 이후 프랑스어판, 영어판이 나오고 점차 세계로 퍼져나가게 됩니다. 일본어 번역본은 누계 400만부가 팔렸다고 합니다. 제2차 세계대진 후의 일본에서는 일세를 풍미한 셈입니다.

노동이 가치의 원천

마르크스의 이론은 '노동가치설'이라 불립니다. 인간의 노동이 모든 부의 원천이라는 생각입니다. 간단히 내용을 정리하면 이렇습니다. 자본가는 노동자를 고용해 일을 하게 함으로써 새로운 가치를 만들어냅니다. 가치는 축적되어 자본이 되고 자본의 노예가 된 자본가는 이익을 올리기 위해 무질서한 경쟁으로 뛰어들어 공황을 일으킵니다. 빈부 격차가 확대됨에 따라 가난한 노동자가 단결하여 혁명을 일으켜 자본주의를 무너뜨립니다.

노동자를 단결시켜 공산주의 혁명을 일으키는 것이 공산당의 임무이지만『자본론』자체는 혁명에 대해 이야기하고 있지 않습니다.『자본론』은 자본주의의 원리를 밝히는 경제학 책입니다.

'상품' 분석에서 시작하다

『자본론』은 다음과 같은 유명한 구절로 시작합니다.

자본주의적 생산양식이 군림하는 사회에서 사회의 부는 '상품의 거대한 집합체'라는 모습으로 나타나고, 상품 하나하나는 그 부의 요소형태로 나타난다. 따라서 우리의 연구는 상품 분석에서 시작한다.(43쪽)

갑자기 좌절하게 만드는 문장입니다. 하지만 잘 읽어보면 그렇게 어려운 이야기만은 아닙니다. 자본주의 세상에서는 모든 것이 상품이다, 그런 상품이 모여서 사회의 부가 만들어진다, 그러므로 상품 분석에서 시작한다라고 선언하는 데 지나지 않습니다.

예를 들어 우리 몸은 60조 개의 세포로 이루어져 있습니다. 세포 하나하나를 연구, 분석하여 인간의 신체구조를 알 수 있듯이 자본주의 경제를 구성하는 상품을 분석하는 것에서 시작함으로써 자본주의의 경제구조를 알자는

뜻이지요. 다양한 것이 왜 '상품'이 되는지를 밝히는 것에
서부터 시작하자는 의미입니다.

'사용가치'와 '교환가치'

상품이란 사용하면 뭔가 도움이 되는 것입니다. 즉 사용
가치를 지니고 있습니다. 이를테면 유니클로의 셔츠나 재
킷, 스웨터는 덥거나 추울 때 도움이 됩니다. 그야말로 사
용가치가 있지요. 한편, 고급 브랜드의 양복이나 코트도
입으면 사용가치가 있고 '고급 브랜드를 갖고 있다'는 허
영을 부릴 수 있다는 사용가치도 있습니다.
길거리의 덮밥 가게에서 먹는 쇠고기덮밥이든 고급 레스
토랑에서 먹는 스테이크든 모두 허기를 채운다는 사용가
치가 있습니다. 더욱이 고급 레스토랑에는 식당 분위기나
세세한 서비스를 즐긴다는 사용가치도 있습니다.

인간생활에서 한 사물이 쓸모가 있을 때 그 사물은 **사용가치**가

된다.(44쪽)

이것이 마르크스가 정의한 상품입니다. 하지만 마르크스는 상품이 사용가치뿐 아니라 또다른 것도 갖고 있다고 이야기합니다. 그것이 교환가치입니다. 어떤 상품은 다른 상품과 교환할 수 있는 가치가 있다는 것입니다. 예를 들어 여러분이 사과를 많이 갖고 있다고 합시다. 사과는 이제 질렸습니다. 가끔은 귤도 먹고 싶습니다. 친구가 귤을 많이 갖고 있다면 사과와 귤을 교환할 수 있습니다. 하지만 왜 교환할 수 있을까요? 그 이유는 사과나 귤을 먹으면 맛있고 영양이 풍부하다는 사용가치가 있기 때문입니다. 사용가치가 있기에 다른 상품과 교환할 수 있습니다. 즉 교환가치를 갖고 있습니다. 철이나 밀, 다이아몬드 모두 사용가치가 있습니다. 사용가치가 있기에 교환할 수 있습니다. 이것이 교환가치입니다.

그럼, 교환가치가 같다면 그것들은 서로 교환할 수 있겠지요. 연필 열 자루를 지우개 다섯 개와 교환할 수 있고, 샤프펜슬 하나와도 교환할 수 있으며, 컵라면 하나와도 교환할 수 있습니다. A상품 x양=B상품 y양=C상품 z 양……과 같은 식으로 다양한 상품이 각각의 양에 따라 다른 상품과 등호로 이어집니다. 비율이 달라지면서 모두 똑같은 교환가치가 되기 때문입니다. 단 자신만을 위해 생산한 것은 사용가치가 있어도 상품이 아닙니다. 이는 타인에게는 사용가치가 없으므로 교환가치가 없기 때문입니다. 이를테면 텃밭에서 기르는 채소가 있습니다. 여러분이 기른 채소는 먹으면 맛있고(아마도……) 영양가도 있어 여러분에게는 사용가치가 있지만 팔 물건은 아닙니다. 즉 타인에게는 사용가치가 없습니다. 이런 것은 교환가치가 없으므로 상품이 아닌 셈입니다.

노동이 포함되므로 가치가 있다

그렇다면 각각 다른 사용가치를 갖는 상품을 왜 일정한 비율에 따라 교환할 수 있을까요?

여기에는 분명히 어떤 공통된 것이 있기 때문이지요. 그것이 무엇인가? 인간의 노동 아닌가? 인간의 노동이 포함되어 있기 때문에 상품이 가치를 깇느냐는 이론을 '노동가치설'이라 합니다.

사과든 귤이든 재배하는 데 인간의 노동이 투입됩니다. 철광석에서 철을 만들어내고, 밀을 키우며, 다이아몬드를 광산에서 캐냅니다. 이는 모두 인간의 노동이 들어가 가치를 얻습니다.

사용가치 또는 재물은 추상적으로 인간적인 **노동**이 그 내부에 **대상화되어 있거나 또는 육화되어 있기** 때문에 **가치**를 지닌다.(47쪽)

추상적인 인간노동이 포함되어 있기 때문에 가치가 있다는 말이지요. "육화(肉化)"라는 말이 나오는데, 이는 기독교에서 쓰는 말입니다. 예수는 인간 마리아에게서 태어났지만 신의 아들입니다. 우리에게 보이지 않는 신의 성령이 우리에게 보이는 인간의 형태 예수로 나타났습니다. 즉 육체를 얻었습니다. 이것이 '육화'입니다.

상품은 추상적인 인간노동을 육화하고 있기 때문에 가치

가 있다는 설명입니다. 마르크스는 유대인 가정에서 태
어났지만 부모가 기독교로 개종하여 그런 환경에서 자라
그의 이론에는 기독교적인 발상이 언뜻 보입니다. 자본주
의가 붕괴할 것이라고 예언하는 마르크스의 글을 잠시 뒤
에 살펴볼 텐데, 여기에는 유대교나 기독교에 등장하는
'최후의 심판' 이미지가 반영되어 있습니다.

노동의 양은 노동시간으로 잰다

상품에 포함된 노동의 양 때문에 교환가치가 생겨납니다.
그렇다면 이 양은 어떻게 측정할까요? 마르크스는 노동
시간이라고 답합니다.
그러면 의문이 생기지 않습니까? 같은 상품이라도 성실
히 일하는 사람은 시간이 적게 들지만 게으름을 피우는
사람은 시간이 오래 걸립니다. 게으름을 피우는 사람이
만든 상품이 더 많은 시간이 들었으니 가치가 높다는 뜻
일까요?

그럴 리 없겠지요. 여기서 말하는 노동시간이란 개별적인 문제가 아니라 사회 전체의 평균적인 노동시간을 의미합니다. 이를테면 과거에는 자동차를 일일이 손으로 만들다 보니 사회적으로 굉장히 많은 노동시간이 필요했습니다. 그래서 서민은 쉽게 살 수 없는 고가의 상품이었습니다. 하지만 자동화가 진행되어 짧은 시간에 대량생산을 할 수 있게 되면서 제조원가가 떨어졌고 서민도 쉽게 살 수 있는 가격대의 자동차가 나오게 됩니다.

그래도 여전히 손으로 만드는 다임러 사의 마이바흐는 한 대 가격이 터무니없이 비쌉니다. 참고로 마이바흐는 할리우드 영화 〈섹스 앤드 더 시티 2〉에서 아랍 대부호의 초대를 받은 여성 모두에게 내준 고급 차라고 하면 아는 사람도 있겠지요.

상품에서 화폐가 생겨났다

다양한 상품은 같은 교환가치를 갖는 것끼리 등호로 이

어집니다. 등호로 이어지는 상품의 긴 열 끝에 이르면 금이나 은도 등호로 이어지겠지요. A상품 x양=B상품 y양=C상품 z양=금 p양이라는 식이 성립합니다. 이는 A상품 x양이나 B상품 y양을 금 p양과 교환할 수 있다는 뜻입니다. 그렇다면 A상품을 가진 사람은 먼저 금 p양으로 교환해놓으면 언제든지 B상품이나 C상품으로 교환할 수 있을 테지요. 누구나 먼저 교환해놓고 싶은 존재. 이것이 화폐의 탄생입니다.

상품은 그 사용가치의 잡다한 실물형태와 현저한 대조를 이루는 공통의 가치형태, 즉 화폐형태를 지닌다.

마르크스는 이렇게 빙 둘러서 표현하지만 요컨대 상품을 교환하면서 화폐, 즉 돈이 생겼다는 뜻입니다. 화폐로는 금이나 은이 알맞습니다. 번쩍번쩍 빛나고 예쁘고 쉽게 꺼낼 수 없는데다 녹이면 간단히 화폐형태가 되며 잘 부서지지 않기 때문입니다.

이 화폐는 곧 지폐로 바뀝니다.

지폐는 **금의 기호** 또는 화폐의 기호다. 상품**가치**에 대한 지폐의 관계는, 상품가치가 지폐에 의해 상징적이고 감각적으로 표현되는 것과 같은 금의 양 속에 **관념적으로** 표현된다는 점이다.(163쪽)

지폐는 기호라고 합니다. 우리가 갖고 있는 지폐에는 1,000엔이나 1만 엔이라는 숫자가 쓰여 있습니다. 하지만 그냥 종잇조각일 뿐이지요. 그런데 모두 액면가치가 있는 화폐로 다룹니다. 이것이 기호라는 뜻입니다.

화폐가 자본이 된다

이 화폐가 이윽고 자본이 됩니다. 드디어 『자본론』다워졌군요. '자본'이란 돈이 모인 것입니다. 물론 단순히 돈이 모인 것이 아니라 더 많은 돈을 벌고자 하는 원동력이 되는 돈을 말합니다.

여러분이 어떤 상품을 만들어서 누군가에게 팔았다고 합시다. 그 대금이 들어오겠지요. 그것으로 뭔가를 삽니다.

즉 상품−돈−상품이라는 순환과정이 성립합니다. 하지만 이 경우 여러분이 어떤 상품을 사면 거기서 순환과정은 끝이 납니다. 그런데 이 순환과정에서 돈벌이를 하려는 사람이 나타납니다. 이때의 순환과정은 돈−상품−돈이 됩니다. 수중에 있는 돈으로 원재료를 사서 새로운 상품을 만들어 팝니다. 그 과정을 되풀이하는 사이에 맨 처음 갖고 있던 돈이 늘어납니다. 돈을 늘리기 위해 이 순환과정을 계속하는 사람. 그 사람을 자본가라고 합니다. 마르크스는 이 시스템을 다음과 같이 표현합니다.

맨 처음에 투여된 가치는 유통 속에서 보존될 뿐 아니라 그 **가치의 크기를 변화시켜 잉여가치**를 부가한다. 즉 **가치를 늘린다**. 그리고 이 운동이 가치를 **자본으로 변용한다**.(195쪽)

어렵게 돌려 말하고 있지만 요컨대 "맨 처음에 투여된 가치", 즉 돈을 써서 상품을 구입하고 부가가치를 붙인 뒤, 샀을 때보다 더 비싼 가격으로 판다는 뜻입니다. 비싸진 만큼이 잉여가치입니다. 일단 이 순환과정에서 가치를 늘

리기 시작하면 그 사람은 자본가가 되어 한결같이 이익을
추구하는 활동을 계속합니다. 이를 마르크스는 다음과
같이 설명합니다.

추상적인 부를 더 많이 손에 넣는 것이 그의 행위를 지탱하는 유
일한 동기인 이상 그는 **자본가**로 또는 의지와 의식을 지닌 인격
화된 자본으로 기능한다. 따라서 **사용가치**를 결코 자본가의 직접
적인 목적으로 취급해서는 안 된다. 그러기는커녕 개별적인 이윤
조차 그 목적이라고는 할 수 없다. 목적은 단 하나, 이윤의 쉼 없
는 운동이다.(197~198쪽)

자본가는 "인격화된 자본", 즉 돈이 인간의 형태를 한 존
재가 된다는 것입니다. 사용가치가 직접적인 목적이 아니
라는 말은 돈벌이만 할 수 있다면 어떤 상품을 만들어 팔
든 상관없다는 뜻입니다.
자본가(경영자) 개개인을 살펴보면 인간적으로 뛰어난 사
람, 상냥한 사람이 많지만 그래서만은 기업 경영이 성립
되지 않습니다. 기업 이익을 위해서는 마음을 독하게 먹

고 경영해야 합니다. 이것이 바로 "인격화된 자본"입니다. 그리고 자본가가 무조건 열심히 일해서 돈을 벌었으면 빨리 은퇴하면 될 텐데, 그런 사람은 좀처럼 없지요. 계속 일을 합니다. 이것이 "이윤의 쉼 없는 운동"입니다.

앞 장에서 막스 베버의 『프로테스탄티즘의 윤리와 자본주의 정신』을 살펴보면서 프로테스탄트는 신의 영광을 지상에 실현하기 위해 한결같이 열심히 일하고, 그것이 자본주의 정신을 만들어냈다는 논리를 설명했습니다. 마르크스는 전혀 다른 이론을 세우지만 자본주의의 실제 구조에서는 신기하게도 똑같은 결론에 이릅니다.

노동력도 상품으로

그렇다면 자본가는 어떻게 돈을 벌 수 있을까요? 여기서 노동자가 등장합니다. 마르크스는 또 무척이나 에둘러서 표현합니다.

어떤 상품의 소비에서 가치를 끌어내기 위해 화폐 소지자는 **유통권 내부**, 즉 시장에서 그 **사용가치** 자체가 가치의 원천이 되는 독특한 성질을 지니는 상품을 운좋게 발견할 필요가 있다. 그 상품은 실제로 그것을 소비하는 일 자체가 **노동의 대상화**, 즉 **가치 창조**가 되는 상품이어야만 한다. 그리고 사실 화폐 소지자는 시장에서 이런 **특수한** 상품을 발견한다. **노동능력**, 즉 노동력이다.(218~219쪽)

화폐 소지자, 즉 자본가가 소비하면서 가치가 늘어나는 특수한 상품을 발견했다는 뜻으로 바로 노동력을 가리킵니다. 노동자의 노동력을 상품으로 구입하여 일을 시킴으로써—노동자를 고용하여 그 상품을 소비함으로써 –새로운 가치를 산출할 수 있습니다. 새로운 가치가 덧붙여진 상품을 팔아서 자본가는 이익을 올릴 수 있습니다. 그 이익으로 다시 노동력을 삽니다. 즉 임금을 주고 일을 시킵니다. 이를 반복하다보면 이익이 늘어납니다. 다시 말해 자본이 증대되는 것입니다.

여기서 주의해야 할 점은 자본가가 인간으로서의 노동자

를 사는 것이 아니라는 사실입니다. 그러면 노예 매매가
됩니다. 여기서 말하는 의미는 노동자의 노동력만을 이릅
니다. 노동자는 자신의 노동력을 자유롭게 팔 수 있습니
다. 노동자는 정해진 노동시간만큼 일하면 되므로 이런
의미에서는 자유롭습니다.

자본가든 노동자든 노동력을 사고판다는 점에서는 법적
으로 평등합니다. 여러분이 회사에 취직할 때 계약을 할
것입니다. 이는 자본가와 노동자, 노동자의 노동력을 평
등한 입장에서 사고판다는 뜻입니다. 물론 법적으로 평
등하다는 것은 표면적인 원칙에 지나지 않습니다. 실제로
는 자본가, 즉 경영자측이 압도적인 힘을 갖고 있습니다.
마르크스는 노동자가 자신의 노동력을 상품으로 파는 것
이외에는 팔 것이 없는 상태라고 설명합니다.

자본가는 노동자의 노동력만을 사서 노동자에게 일을 시
킵니다. 그런데 노동자는 일을 하면서 제 노동력의 가치
를 넘는 부가가치를 만들어냅니다. 이것이 마르크스의 노
동가치설입니다.

노동력의 가치는 얼마?

가치에는 교환가치와 사용가치가 있다고 앞에서 이야기했
습니다. 노동력의 가치가 교환가치입니다. 한편, 노동력으
로 부가가치가 붙은 가치를 만들어냅니다. 이것이 노동력
의 사용가치입니다. 자본가는 노동력의 교환가치만큼만
임금을 주고 노동력의 사용가치로 새로운 가치를 만들어
내 이익을 냅니다.

노동자는 자신의 노동력 이상의 부가가치를 만들어냅니
다. 그러면 노동력의 가치는 얼마나 될까요? 이것이 노동
력의 재생산비입니다. 일을 해서 지칠 대로 지친 노동자가
집으로 돌아가 식사를 하고 잠을 자고 다음날 또 건강하
게 일을 할 수 있기까지 드는 시간과 비용입니다. 그만큼
의 돈이 급여입니다. 예를 들어 20대 독신일 경우 한 명분
의 식대와 주거비 등으로 그리 많은 비용이 들지 않으므
로 급여도 낮게 책정할 수 있습니다. 히지민 결혼해서 아
이가 태어나고 아이의 교육비가 들면 가정을 유지하는 데
자금이 필요해집니다. 회사가 가족수당 등을 지급하여 급

여가 많아집니다. 물론 나라와 연령에 따라 급여 액수는
달라집니다. 어디까지나 사회 전체의 평균적인 금액이 노
동력을 재생산하는 비용, 즉 노동력의 가치입니다.

노동자는 착취당한다

자본가가 노동자를 고용하여 일을 시키면 노동자는 임금
이상으로 가치가 있는 것을 만듭니다. 이 부분이 착취에
해당합니다. 착취란 쥐어짜낸다는 뜻으로 노동자가 일해
서 만든 가치를 자본가가 빼앗아간다는 말입니다.
이를테면 노동자가 하루에 8시간 노동을 했다고 합시다.
그 가운데 4시간을 일해 임금만큼의 가치를 산출했다면
이 4시간은 '필요노동', 즉 노동력을 만들어내는 데 필요
한 시간입니다. 반면 남은 4시간은 '잉여노동'입니다. 이
만큼을 자본가가 가져갑니다. 노동자는 자신의 노동력을
정당한 가격으로 자본가에게 팔았다고 해도 자본가는 노
동자의 노동으로 그 이상의 가치를 얻는 것입니다.

그렇게 되면 자본가는 무슨 생각을 할까요? 필요노동 이외의 잉여노동시간을 늘리면 늘릴수록 자본가의 이익이 커지므로 그만큼 노동자를 오랜 시간 일을 시키려고 합니다. 노동자의 장시간 중노동은 끊이지 않습니다.

인간의 노동력을 위축시키고 노동력에서 정상적인 도덕적 · 육체적 발달조건과 활동조건을 빼앗는다. 그뿐만이 아니다. 이는 **노동력 자체의 지나치게 빠른 소모와 사멸을 낳는다.**(355쪽)

과로사라는 말이 생각나지 않습니까?

상품가격을 낮추어 노동력을 값싸게 한다

자본주의 사회는 기계를 대량으로 도입하여 대량생산을 통해 저렴한 상품을 생산하고 있습니다. 이 때문에 노동력의 가치도 떨어졌습니다. 즉 실질적인 임금 액수를 낮출 수가 있습니다. 마르크스는 다음과 같이 말합니다.

노동의 생산력을 높이고 상품값을 낮추며, **상품값을 낮춤으로써**
노동자 자신도 값싸게 하는 것이야말로 자본의 내적인 충동이자
항구적인 경향이다.(432쪽)

노동자가 유니클로 옷을 입고 값싼 덮밥을 먹으면 생활비
는 적게 들지요. 그러면 이 생활을 유지하기 위한 비용,
즉 노동력의 재생산비=임금을 깎는 것이 가능해집니다.
노동자를 오랜 시간 일하게 하여 이익을 올립니다. 이것
이 '절대적 잉여가치'의 생산입니다. 한편, 노동력의 재생
산비를 낮추어 이익을 올리기도 합니다. 이것이 '상대적
잉여가치'의 생산입니다.
에도 시대 농민은 아니지만 자본주의 사회의 노동자는
'살지는 못하되 죽지도 않게끔' 부려집니다. 게다가 기계
를 도입하여 예전만큼 노동자가 필요하지 않게 되었습니
다. 노동자는 잉여인구가 되었고 실업률이 높아져 노동력
의 가치, 즉 임금은 떨어집니다.
그런데 한편으로 남은 노동자들은 전보다 적은 인원으로
일을 처리해야 합니다. 그만큼의 능력이 요구됩니다. "어

떤 노동 요구에도 대응할 수 있는 인간의 절대적인 적응
성을 육성하는 것"이 필요해집니다. 즉 자본주의는 노동
자의 능력을 향상시키는 일로도 이어집니다.

자본이 축적되어 격차사회로

자본주의가 발전하면 과잉 노동인구도 늘어납니다. 마르
크스는 이런 사람들을 '산업예비군'이라 불렀습니다.

산업예비군의 상대적인 크기는 부의 힘과 함께 커진다. …… 노
동자계급의 최하층과 산업예비군이 커지면 커질수록 공인된 구
호 빈민도 늘어난다. **이것이 자본주의적 축적의 절대적인 일반
법칙이다.** …… 한쪽 극에서 부를 축적한다는 것은 동시에 그 반
대쪽 극, 즉 자기 자신의 생산물을 자본으로 생산하는 계급측에
서 궁핍, 고된 노동, 노예 상태, 무지, 잔인화와 도덕석 퇴폐를 축
적하는 것이다.(879, 881쪽)

여기서 말하는 "공인된 구호 빈민"이란 요즘 말로 생활보
호 대상자입니다. 생활고 때문에 범죄의 길로 들어서거나
무차별 살인을 저지르거나 "잔인화와 도덕적 퇴폐를 축
적"하게 됩니다. 이 문장을 읽고 리먼 쇼크 이후에 한층
더 심해진 격차사회를 떠올린 사람도 있겠지요.

그리하여 자본주의는 붕괴한다

자본주의의 모순은 노동자의 저항을 일으켜 혁명으로 발
전합니다. 그 과정을 마르크스는 문학적으로 표현합니다.

소수의 자본가가 다수의 자본가 재산을 빼앗는 것과 병행하여
노동과정의 협동작업 형태가 끊임없이 더 앞선 단계로 발전해나
간다. …… 그리하여 거대 자본가는 그 수를 줄이면서 이런 변용
과정이 가져오는 모든 이익을 빼앗고 독점하지만 이와 함께 거대
한 빈곤과 억압, 그리고 예종(隷從)과 타락과 착취가 심해진다. 하
지만 또한 자본주의적 생산과정의 메커니즘을 통해 훈련받고 통

합되며 조직화되면서 늘어나는 노동자계급의 분노도 격렬해진 다. …… **자본주의적인 사적 소유의 종말을 알리는 종이 울린 다. 수탈자들의 사유재산이 박탈당한다.**(1,049~1,050쪽)

이것이야말로 기독교적인 '최후의 심판'입니다. 자본주의 가 발전하면 대규모 공장이 지어지고 노동자들은 조직적 인 행동을 통해 단련 받고 단결하여 자본가를 타도할 만 큼의 능력을 키우게 된다는 이야기입니다.

사회주의 국가들의 실패

마르크스가 그려낸 자본주의의 최후는 여기까지였습니 다. 자본주의가 무너진 뒤 경제는 어떻게 되는가? 이때 자본주의를 대신할 사회주의·공산주의란 어떤 것인가? 이에 대한 상세한 이야기는 없었습니다.

마르크스의 영향을 받은 레닌이 러시아에서, 마오쩌둥이 중국에서 사회주의 혁명을 일으켰지만 그 결과는 참담

한 시행착오였습니다. 자본가의 착취가 잘못이라며 자본가를 없애기는 했지만 경영을 이해하는 인재가 사라졌습니다. 사유재산이 잘못이라며 농민에게서 토지와 농기구, 가축을 거두어들여 협동 소유로 만들었더니 농민들의 노동 의욕이 떨어져 만성 식량 부족으로 골치를 씩습니다. 자본가의 부활을 막기 위해 언론의 자유도 억압했습니다. 러시아혁명으로 탄생한 소련이나 동유럽 각국, 마오쩌둥 시대의 중국은 비참한 경제 상태 때문에 고통을 겪었습니다.

결국 소련은 붕괴합니다. 자본주의 러시아로 다시 태어났지요. 중국도 개혁 개방 정책으로 마치 자본주의 그 자체인 사회가 탄생했습니다. 마르크스주의 이론에 따르면 봉건사회에서 자본주의 사회를 거쳐 사회주의에 이르러야 했는데, 실제로는 봉건사회에서 사회주의를 경유해 자본주의에 이른 것입니다. 마르크스가 『자본론』에서 그려낸 자본주의 사회는 마치 리먼 쇼크 이후의 일본을 예언한 것 같았습니다. 하지만 그렇다고 해서 포스트 자본주의의 경로가 그려져 있는 것은 아니었습니다.

자본주의의 결함을 안 뒤 그 문제점을 어떻게 극복하면
좋을까요? 자본주의의 결함을 아는 데는 『자본론』이 도
움이 되지만 그다음은 우리 스스로 생각해야 합니다.

출전

カール·マルクス著, 今村仁司·三島憲一·鈴木直訳 『マルクス·コレクシ
ョン IV 資本論 第一巻(上)』, 『 マルクス·コレクション V 資本論 第一巻
(下)』(筑摩書房); 강신준 옮김, 『자본 1-1』『자본 1-2』, 길, 2008; 김수
행 옮김, 『자본론1 상』, 비봉출판사, 2005, 『자본론1 하』 비봉출판사,
2001 외. 번역에서는 저자의 의도에 충실을 기하기 위해 비봉출판사
번역서를 참조하되 가능한 한 이 책에서 인용한 내용을 따랐다. 참고
로 인용된 부분에 해당하는 번역서 쪽수를 병기해두었다

참고문헌

池上彰 『高校生からわかる 「資本論」』(集英社); 오세웅 옮김, 『자본론을
읽어야 할 시간』, 알에이치코리아, 2012.

제 **6** 장 진리를 향한 이정표

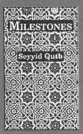

Milestones

사이드 쿠틉

초판 1964년 이집트

사이드 쿠틉(1906~1966)

이슬람이 전 인류를
이끌기 위해서는
이슬람 공동체가
태초의 형태로
되살아나야 한다.

오사마 빈라덴의 교과서가 되었다

2011년 5월 파키스탄에서 국제 테러 조직 알카에다의 지도자 오사마 빈라덴이 미군 특수부대에게 살해되었습니다. 이 장에서는 오사마 빈라덴의 사상을 형성했다고 평가되는 『진리를 향한 이정표Milestones』에 대해 살펴보겠습니다. 오사마 빈라덴의 교과서가 되었다는 점에서 세계를 움직인 책이라고 할 수 있습니다.

10년 만의 살해

용의자 오사마 빈라덴은 2001년 9월 11일에 일어난 미국 동시다발 테러 주모자로 국제 수배되었고 미국은 온 힘을 다해 그를 찾았습니다. 그로부터 10년이 지난 뒤 마침내 미국은 빈라덴의 거처를 찾아냈습니다. 하지만 미군 특수부대는 파키스탄 정부에 통보도 하지 않고 그가 숨어 있는 곳에 침입했습니다. 그들은 빈라덴을 체포하려고도 하

지 않고 무작정 사살한 다음 시신을 항공모함으로 운반
해 수장했습니다. 이는 매우 난폭한 방식이었습니다.

알카에다는 이에 거세게 반발합니다. 미국에 대한 보복
을 선언했지요. 이후 파키스탄 국내에서 빈라덴의 주장
을 따르려는 조직의 테러가 잇따르고 있습니다. 빈라덴
을 없앴다고 해서 반미 테러의 싹이 사라진 것은 아니었
습니다.

세계를 바꾼 9·11

2001년 9월 11일에 일어난 미국 동시다발 테러는 세계를
크게 바꾸어놓았습니다. 당시 부시 대통령은 '테러와의 전
쟁'을 선포했습니다. 미국은 이 사건을 빈라덴이 일으킨
테러라 여기고 그를 숨겨주고 있던 아프가니스탄의 탈레
반 정권에게 빈라덴의 인도를 요구합니다. 탈레반 정권이
이를 거부하자 미국은 아프가니스탄을 공격합니다. 탈레
반 정권은 압도적인 군사력 차이로 무너졌습니다.

그뒤 부시 정권은 '대량 살상 무기를 개발하고 있다'며 이라크의 후세인 정권도 공격합니다. 후세인 성권은 맥없이 쓰러졌고 후세인 대통령도 처형되었습니다. 하지만 대량 살상 무기는 발견되지 않았고 이라크에서는 종파와 종파 사이의 대립이 격렬해져 내전 상태에 빠집니다. 이후 이라크 정세는 조금 안정되었지만 미국이 이라크에 신경쓰는 사이에 아프가니스탄에서는 탈레반이 다시 되살아나 대부분의 국토를 지배하기에 이르렀습니다. 또한 세계 각지에서 '알카에다'라 자칭하는 조직의 테러가 자주 일어났습니다.

동서 냉전이 끝난 1990년대 초 우리는 세계가 평화로워질 것이라고 기대했습니다. 하지만 2001년을 경계로 세계는 '테러의 시대'에 돌입한 것 같습니다. 빈라덴이나 그 한패의 행동을 지탱하는 원동력이 이슬람교에 대한 신앙이라고 하지만 사실은 이슬람교를 극단적으로 해석한 이론서가 있습니다. 그것이 사이드 구둡이 쓴 『신리를 향한 이정표』입니다. 쿠틉의 사상은 세계를 '테러의 시대'로 바꾸어 놓았습니다. 이 책은 물론 쿠틉의 남동생과의 만남을 계기로 빈라덴이 이런 사상을 형성하게 되었다고 여겨집니다.

이집트 민중혁명과 '무슬림 형제단'

2011년 1월부터 시작된 북아프리카·중동의 독재정권에 반대하는 민중의 시위가 튀니지에서 처음 일어나 눈 깜짝할 사이에 이집트로 번져 무바라크 대통령의 퇴진을 요구했습니다. 이후 이집트에서 한층 더 존재감을 드러내고 있는 조직은 이슬람교도 1대 조직 '무슬림 형제단'입니다. '무슬림'이란 이슬람교도를 말합니다.

무슬림 형제단의 사상과 행동력을 두려워한 무바라크 대통령은 무슬림 형제단의 정치활동을 금지해왔습니다. 하지만 무바라크 대통령이 물러나면서 무슬림 형제단은 정치활동을 하겠다고 밝혔습니다. 5월에는 '자유정의당'을 만들어 카이로 시내에서 성대한 의식을 가졌습니다. 이 움직임을 세계, 특히 미국이 공포에 찬 눈으로 지켜보았습니다. 지금은 온건한 얼굴을 하고 있는 무슬림 형제단도 과거에는 과격파를 배출한 조직이기 때문입니다. 이스라엘을 부정하는 사상을 갖고 있습니다.

이집트가 민주화되면서 무슬림 형제단은 활동의 자유를 얻었습니다. 그뒤 대통령 선거에서 무슬림 형제단 출신의 무르시 씨가 대통령에 취임합니다. 하지만 무슬림 형제단의 세력 확대를 두려워한 군부가 그를 끌어내렸습니다. 무슬림 형제단이 얼마나 무서운 공포의 대상인지 알 수 있겠지요?

1928년에 이집트인 초등학교 교사 하산 알반나가 무슬림 형제단을 창설했습니다. 서양문명을 거부하고 이슬람의 이상으로 돌아가라고 주장하는 그의 원리주의 사상이 퍼져나갔고 단원이 50만 명, 지지자가 50만 명인 큰 조직으로 발전했습니다.

나세르 암살 미수로 비합법화

1954년에 무슬림 형제단 단원 가운데 한 명이 이집트의 나세르 혁명 평의회 의장(대통령) 암살을 꾀하다 실패합니다. 이집트 정부는 무슬림 형제단의 쿠데타 계획이라며 무슬림 형제단 회원 3,000명을 체포했습니다. 이후 무슬림 형제단은 불법화됩니다. 그때 체포된 회원 가운데 한 명이 사이드 쿠틉이었습니다. 그는 징역 15년 형을 판결받았는데, 옥중에서 고문을 받으며 집필한 책이 『진리를 향한 이정표』였습니다. 그는 형기 도중 석방되지만 『진리를 향한 이정표』는 곧장 발매금지 처분을 받고 쿠틉은 국가 반역죄 혐의로 다시 체포됩니다. 1966년 쿠틉은 『진리를 향한 이정표』를 썼다는 이유로 처형당했습니다.

사이드 쿠틉은 1906년생으로 이집트 교육부 직원이던 1948년에 미국으로 유학을 갑니다. 그때 미국의 물질문명에 실망하고 무슬림 형제단을 적대시하는 미국인이나 영국인을 알게 되면서 오히려 무슬림 형제단을 지지하게 되어 귀국하자마자 무슬림 형제단에 가입합니다. 그리고 기관지 편집장을 맡아 이슬람 원리주의 사상을 널리 퍼뜨렸습니다.

쿠틉의 사상은 그가 처형되고 나서도 계속 이어졌습니다.

1979년 이집트의 사다트 대통령이 숙적 이스라엘과 평화 협정을 맺고 이스라엘을 국가로 승인하자 쿠틉의 사상을 따르던 사람들이 강하게 반발합니다. 사다트 대통령은 1981년에 군사 퍼레이드를 하던 중 쿠틉의 사상을 신봉하는 이집트군 병사에게 암살당했습니다.

이슬람 절대주의

쿠틉은 "이슬람이 바로 구원이다"라고 주장했습니다. 그는 다음과 같이 씁니다.

인류는 건전한 발전과 진실의 진보에 없어서는 안 될 가치관을 상실했기 때문에 이제는 멸망 직전에 서 있다.(51쪽)

인류의 새로운 키야다(qiada, 지도 이념)를 수립히는 것이 불가피해졌다.(52쪽)

새로운 지도 이념은 지금까지 서양에는 알려져 있지 않던 높은 이상과 가치관을 인류에게 제공해야 한다.

이슬람이 바로 그런 가치관과 생활양식을 간직한 단 하나의 시스템이다.(53쪽)

그는 이슬람이 건전한 발전과 진보에 없어서는 안 될 가치관을 지니고 있다, 이 이상을 잃어버렸기 때문에 세계는 타락했다, 지금이야말로 이슬람의 이상으로 돌아가 이슬람의 태초를 돌이켜 생각하는 일이 필요하다고 주장합니다.

이슬람이 전 인류를 이끌기 위해서는 이슬람 공동체가 태초의 형태로 되살아나야 한다. 태초의 이슬람 공동체는 몇 세대에 걸친 인공 전통의 잔재 아래 파묻혀 이슬람의 가르침이라고는 이름뿐인 그릇된 법이나 관습의 무게로 파괴되고 말았다. 그런데도 현대 무슬림 세계는 스스로를 자랑스럽게 '이슬람 세계'라 부른다.(55쪽)

현대는 이슬람의 이상을 상실했는데, 이슬람교도들은 자신들의 세계를 '이슬람 세계'라고 착각하고 있다, 이를 바로잡아야 한다고 말하고 있습니다. 그렇다면 이슬람 세계의 부패한 체제를 몰아내는 일은 '신의 길'이고 정의의 싸움, 즉 '지하드'(성전)라는 것입니다.

기존의 이슬람 세계에서는 이교도의 침략에 맞서 이슬람의 땅과 가르침을 지키기 위해 싸우는 일이 지하드이고 이슬람교도끼리는 다투면 안 된다고 여겼습니다. 그런데 쿠틉의 사상에 따르면 현대의 부패한 이슬람 체제, 이슬람 사회와 싸우는 일도 지하드라고 합니다. 쿠틉의 사상은 이집트 등 이슬람 사회의 기성 정치가들에게 위협이 되었습니다.

'무지한 사회'와의 싸움

이슬람 세계에서는, 무함마드가 신의 말을 듣고 전도를 시작하기 이전의 아라비아 반도는 신을 믿지 않고 문명,

문화가 뒤처진 '무지한 사회(자힐리야)'였다고 생각합니다.
이슬람교가 퍼지면서 사람들이 무지한 사회에서 빠져나
올 수 있었다고요. 그런데 쿠틉은 신의 '유일 절대성'에
근거하지 않는다면 자칭 이슬람 사회도 무지한 사회에 지
나지 않는다고 단정합니다.

세계 전체가 자힐리야에 오염되어 물질적인 풍요로움과 발명의
진보도 무지를 근절하지 못했음이 분명해진다. 자힐리야는 지상
에 있는 신의 주권에 대한 반역에 기초한다. 이는 어떤 사람들을
인간의 주인으로 삼음으로써 알라의 가장 위대한 속성, 특히 주
권을 인간에게 인도하려고 꾀하는 일이다.(57~58쪽)

이슬람 이외의 시스템에서는 사람들이 어떤 형태로 타인을 숭배
한다. 이슬람적인 생활양식에서만 모든 사람이 인간에 대한 예종
상태에서 자유롭고, 모두가 알라의 가르침만을 따라 알라에게만
복종하며 유일신 알라를 향한 숭배에 헌신할 수 있다.(58쪽)

인간의 주권이 아니라 '신의 주권'

여기서 "신의 주권"이라는 말도 나옵니다. 우리가 어떻게 살지 정하는 '주권'은 인간이 갖고 있는 것이 아니라 신이 갖고 있다는 주장입니다. 예를 들어 일본국 헌법 전문에는 이런 문장이 있습니다. "여기에 주권이 국민에게 있음을 선언하고 이 헌법을 확정한다. 무릇 국정은 국민의 엄숙한 신탁에 의한 것이며, 그 권위는 국민에게서 나오고, 그 권력은 국민의 대표자가 행사하며, 그 복리는 국민이 향유한다. 이는 인류 보편의 원리이며 이 헌법은 이런 원리에 근거한다."

"주권이 국민에게 있음"은 "인류 보편의 원리"라고 선언하고 있습니다. 그런데 쿠틉이 보기에 이는 인간의 자만인 셈입니다. 우리가 정치가를 뽑아서 정치권력을 주는 것은 우리가 국민주권을 행사하고 있기 때문입니다.

하지만 그는 "어떤 사람들을 인간의 주인으로 삼음으로써 알라의 가장 위대한 특성, 특히 주권을 인간에게 인도하려고 꾀하는 일이다"라고 합니다. 알라, 즉 신이야말로,

그리고 유일신만이 주권을 갖고 있습니다. 그런데도 타락한 현대의 인간들은 제멋대로 주권을 행사하며 정치가를 선출합니다. 인간은 신 아래 평등하며 "모두가 알라의 가르침만을 따라 알라에게만 복종하"고 있으면 그만인데 말입니다.

주권은 국민에게 있는 것이 아니라 신에게 있습니다. 이것이 키워드입니다.

전 세계가 무지한 사회

자칭 이슬람 사회가 무지한 사회라 한다면 그 밖의 사회도 당연히 무지한 사회가 되겠지요.

이슬람 사회를 제외한 사회는 모두 자힐리야 사회다. 더욱 명확한 정의가 필요하다면 신앙과 사상, 숭배의 준수, 법적 규범 모두에서 유일신인 알라에만 복종하지 않고 알라에 대해서만 봉사하지 않는 사회는 모두 자힐리야 사회다.

이 정의에 따르면 오늘날 세계에 존재하는 사회는 모두 자힐리야
다.(183쪽)

참 무시무시한 일이 되었습니다. 전 세계가 무지한 사회
라고 합니다. 무지한 사회는 암흑사회이니 진정한 이슬람
교도는 무지한 사회를 이슬람 사회로 만들어야 합니다.
여기서부터 무지한 사회에 대한 지하드가 필요하다는 이
론이 도출됩니다. 일본도 그 대상에서 예외가 아닙니다.
그는 다음과 같이 씁니다.

모든 우상숭배 사회도 자힐리야 사회에 속한다. 여기에는 인도,
일본, 필리핀, 아프리카 등이 있다. 자힐리야의 특성은 첫째로 알
라와 더불어 또는 알라를 배제하고 다른 신들을 숭배하고 있다는
점이고, 둘째로 이런 요사스러운 신을 모시기 위해 복잡한 예배
의식 체계를 창안했다는 점이다.(184쪽)

일본에 있는 우리의 신앙은 "요사스러운 신을 모시기 위
해 복잡한 예배의식 체계를 창안"한 것이라고 합니다. 그

가 일본에 대해 얼마나 알고 있었는지 의문스럽지만 그에 따르면 일본도 지하드의 대상이 됩니다. 나아가서는 다음과 같이 씁니다.

현재 유대교와 기독교 사회는 정도는 다를지라도 지힐리야 사회다. 그들은 본래의 신앙을 왜곡하고 알라의 속성을 다른 존재에게 돌린다. 기독교의 삼위일체에서 '신의 아들'은 그 한 예다.(185쪽)

기독교의 '삼위일체'란 '아버지와 아들, 성령' 세 가지가 일체를 이룬다는 이론입니다. 아버지인 신, '신의 아들'로서 지상에 내려온 그리스도, 그리고 인간 예수에게 불어넣어진 성령이 하나라는 사상이지요. 쿠틉이 보기에 '신의 아들'이라는 개념은 신 이외에 쓸데없는 것이 들어 있으므로 본래의 신앙을 왜곡하고 있으며 무지한 사회라는 것입니다.

이슬람교의 알라란 아랍어로 신을 뜻합니다. 유대교, 기독교, 이슬람교는 모두 세계를 창조한 유일신을 믿습니다. 세 종교의 신이 모두 같습니다. 그런데 같은 신을 믿

는다 해도 신앙방식에 조금이라도 차이가 있다면 이를 무
지한 사회라 단정하고 지하드의 대상으로 삼습니다. 무시
무시한 순수주의입니다.

이 순수주의는 동료들을 향하기도 합니다. 이른바 '무슬
림 사회'라 불리는 현재의 모든 사회도 자힐리야라고 하
면서요. 이는 알라를 믿지 않아서가 아닙니다. 설령 알라
를 믿는다 해도 그것만으로는 충분하지 않습니다. 현재
의 무슬림 사회가 다음과 같은 행동을 하고 있기 때문입
니다.

알라의 속성인 입법권을 알라 이외의 존재에 위탁하고 그 권위에
예종하며 또 그 권위를 근거로 그들의 시스템, 전통과 습관, 법
률, 가치관과 규준, 나아가 모든 생활 실천을 이끌어낸다.(188쪽)

"알라의 속성인 입법권"이라는 표현을 쓰고 있지요. 즉 신
에게 주권이 있고 인간에게는 주권이 없다는 말입니다.
앞에서도 이야기했지만 인간들이 선거로 자신들의 대표
를 선출하고 의회에서 헌법이나 법률을 제정하는 것은

'신의 주권'을 침해하는 셈입니다. 이런 짓을 하는 것이 무
지한 사회라는 것이지요. 우리는 선거로 자신들의 대표를
뽑고 법률을 제정하는 사회가 바로 근대사회이고 이렇게
하지 않는 사회가 무지한 사회라고 생각합니다. 하지만
쿠틉은 우리 인간에게 주권이 있음을 부정합니다.

중동이나 북아프리카 등 이슬람 사회에서는 요즈음 민주
화운동이 활발히 일어나고 있습니다. 형식적으로는 '국
민주권' 제도가 있어도 실제로는 오랜 기간에 걸쳐 독재
정권이 이어져온 데 대한 반발입니다. 우리는 국민주권이
관철되고 있지 않기 때문에 비민주적인 '무지한 사회'라고
생각하지만 쿠틉은 다른 의미에서 '무지한 사회'라고 봅
니다.

"샤리아에 따르라"

그러면 인간이 신의 주권에 근거해 생활하려면 어떻게 해
야 할까요? '샤리아(Shari'ah, 이슬람법)'에 따르면 됩니다.

이슬람법이란 신이 인간에게 준 『코란』에 근거합니다. 우리 인간이 따라야 할 가르침은 모두 『코란』에 있으므로 『코란』에서 끌어낸 규칙(법)을 바탕으로 생활하면 신의 주권을 따르는 것이 됩니다.

『코란』은 신이 예언자 무함마드를 통해 인간들에게 전한 말로서 인간들의 삶이나 생활방식을 규정하고 있으므로 이를 인간들이 지켜야 할 법률이라고 생각하면 된다는 이야기입니다. 또한 무함마드가 살아 있는 동안에 신자들에게 명했던 것이나 무함마드의 생활태도는 『하디스』(전승)라는 책이 되었습니다. 『코란』에 쓰여 있지 않은 것은 『하디스』를 참조하거나 거기서 유추하여 인간이 지켜야 할 규칙을 결정합니다. 이것이 샤리아입니다.

샤리아의 의미를 매우 제한하는 사람들이 있으므로 입법이란 법률문제에 한하지 않는다는 것을 이해해야 한다. 실제로는 생활태도와 양식, 가치관, 규준, 관습, 전통은 모두 일라가 제정하여 사람들에게 작용한다.(212쪽)

세계는 신(알라)이 만드셨습니다. 인간도 신의 창조물입니다. 그러므로 신에게 주권이 있습니다. 인간들이 제멋대로 민주주의니 뭐니 하며 자치를 해서는 안 됩니다. '『코란』을 잘 읽고 신이 인간에게 명하는 샤리아를 이해해 샤리아에 따라 생활하라. 이런 생활을 하지 않는 무지한 사회(자힐리야)가 있다면 진정한 이슬람교도의 임무로서 계몽하고 이슬람의 가르침으로 이끌어라.' 이것이 지하드(성전)입니다. 이슬람교를 강제해서는 안 됩니다. 이슬람교를 자유롭게 믿을 수 있는 환경을 만드는 일이 필요합니다. 지하드는 방어에만 한정되지 않습니다. 세계를 이슬람으로 통일할 때까지, 세계의 종말이 올 때까지 지하드는 계속됩니다.

쿠틉의 사상이 '이정표'로

이것이 쿠틉의 사상이고 이론입니다. 제멋대로인 논리라고 생각하거나 극단적인 사상이라며 두려워하거나 이슬람의 진정한 가르침에서 벗어나는 것이라고 화를 내는 등 받아들이는 방식은 다양하겠지요. 하지만 이런 사상을 이집트의 무슬림 형제단도 이어받고 있습니다. 팔레스타인의 과격파 조직 하마스도 원래는 무슬림 형제단의 팔레스타인 지부입니다. 이 사상을 이어받고 있지요. 지상의 권위를 인정하지 않고, 사람들의 지혜로 운영되는 민주주의를 존중하지도 않으며, 자신들의 해석만이 옳다고 생각하는 사람들. 이는 어떤 사상의 세계에도 존재하는 과격파 특유의 경향이라 할 수 있습니다.

하지만 『진리를 향한 이정표』를 쓴 쿠틉은 이집트 정부에 처형되어 순교자가 되었습니다. 그의 사상을 배운 오사마 빈라덴이나 그의 동료들은 '신의 주권'으로 세계를 통일하려고 했습니다. 독재나 빈곤, 각종 내란 등 세상에는 다양한 모순이 넘쳐납니다. 이는 국민주권을 철저히 함으로써 인간의 지혜로 헤쳐나가고자 했던 것이 근대에서 현대에 이르는 정치사상이나 경제이론이었습니다.

이와 달리 모든 것을 종교적인 문제에 귀속시키는 사고방식이 있습니다. 게다가 팔레스타인 문제로 대표되는 중동

문제의 심각함과 여기서 나타나는 미국의 오만함에 대한
이슬람교도의 반발이 기반이 되어 쿠틉과 같은 사상이
명맥을 이어오고 있습니다.

쿠틉의 사상에 영향을 받은 빈라덴은 미군의 힘으로 없
앨 수 있어도 사상의 힘은 군사력으로 억누를 수 없습니
다. 일찍이 마르크스가 쓴 『자본론』이나 『공산당 선언』으
로 세계에서 공산주의 운동 선풍이 일었듯이 『진리를 향
한 이정표』로 인해 이슬람 원리주의의 폭풍이 일어납니
다. 책이 갖는 힘이라고 해야 할까요, 책의 무서움이라고
해야 할까요. 이 책도 분명 세계를 바꾼 책 가운데 하나
입니다.

출전

サイイド・クトゥブ著, 岡島稔・座喜純訳・解説『イスラーム原理主義の「道
しるべ」』(第三書館); 서정민 옮김, 『진리를 향한 이정표』, 평사리, 2011.
번역에서는 저자의 의도에 충실을 기하기 위해 가능한 한 이 책에서
인용한 내용을 따랐다. 참고로 인용된 부분에 해당하는 번역서 쪽수
를 병기해두었다.

참고문헌

松本光弘『グローバル・ジハード』(講談社)

제 **7** 장 침묵의 봄

Silent Spring

레이첼 카슨

초판 1962년 미국

레이첼 카슨(1907~1964)

우리는
속고 있다.
그 끝은 재앙이고
파멸이다.

세계가 환경문제와 씨름하는 계기가 되다

동일본을 덮친 대지진과 쓰나미로 도쿄전력 후쿠시마 제1원자력발전소가 운전을 멈추었고 수소 폭발이 일어났습니다. 많은 양의 방사성물질이 외부에 방출되는 사태에 이르렀습니다. 방사성물질이 수돗물, 채소, 생선 등에서 검출되어 식품 안전이 위협을 받는 상황에 놓이게 되었습니다. 방사성물질이나 방사선은 눈에 보이지 않는 만큼 불안합니다. 이는 비단 방사능뿐만이 아닙니다.

우리가 모르는 사이에 인간이 살아가는 자연이 바뀌지는 않을까? 일찍부터 이런 위기감을 느끼고 세상에 경종을 울리는 책을 펴낸 이가 있어 세계가 크게 변한 적이 있습니다. 이런 변화를 가져온 책은 레이첼 카슨의 『침묵의 봄』입니다. 이후 일본을 비롯해 세계는 매우 편리한 농약 사용을 다시 생각하게 되었습니다.

자연 속에서 인간은 어떻게 살아가면 될까요? 이 책을 읽고 다시 한번 생각해봅시다.

"침묵의 봄이었다"

이 책은 한 '우화'에서 이야기를 시작합니다.

자연은 침묵했다. 어쩐지 섬뜩하다. 새들은 어디로 가버렸을까? 모두 이상하게 생각하며 불길한 예감에 겁을 먹었다. 뒤뜰의 모이 상자는 텅 비어 있었다. 아아, 새가 있다 해도 죽어가고 있었다. 부들부들 몸을 떨고 날 수도 없었다. 봄이 왔지만 침묵의 봄이었다.(26쪽)

이 이야기에서 책 제목이 비롯되었습니다. 인간이 새롭게 만들어낸 화학물질, 즉 농약 때문에 자연계는 오염되고, 이윽고 야생생물은 멸종되어 봄이 와도 그들의 목소리가 들리지 않습니다. '침묵의 봄'이 올지 모른다는 문제를 제기하는 책이었습니다.

다음과 같은 문장은 지금 읽어보면 어쩐지 아이러니컬합니다.

오염 하면 방사능을 떠올리지만 화학약품도 방사능 못지않은 재
앙을 가져와 만물, 생명의 핵 자체를 바꾸려 하고 있다.(30쪽)

그만큼 위험한 것이 화학물질이고, 좀더 구체적으로 말
하면 너무나도 안이하게 많이 사용되는 농약입니다. 제2
차세계대전중 화학무기를 개발하기 위해 곤충을 대상으
로 실험하는 동안 곤충에 효과적인 살충제가 잇따라 발
견되었고 전쟁이 끝난 뒤에는 농약으로 출시되었습니다.
전쟁 전에는 식물 등을 이용한 무기물 살충제를 사용했
지만 전후에는 합성 살충제를 쓰게 되었습니다. 이것은
독으로부터 몸을 지키는 기능을 하는 효소를 파괴하거나
신체의 에너지원인 산화활동을 막는 강력한 힘을 지닌
물질이었습니다. 곤충에 큰 효과가 있는 만큼 다른 생물
에게도 강력한 힘을 발휘합니다. 인체에 들어가면 생물학
적으로 큰 위협이 되는 물질이었습니다.
레이첼 카슨은 구체적인 예를 하나하나 제시하며 사람들
에게 농약의 위험성을 알렸습니다.

생물학자 카슨

레이첼 카슨은 1907년에 미국 펜실베이니아 주 스프링데일이라는 작은 마을에서 농장을 하는 부모님 밑에서 태어났습니다. 어린 시절에는 대자연에서 뛰노는 소녀였는데, 훗날 이때의 경험이 자연에 대한 관심으로 이어진 듯합니다.

카슨은 펜실베이니아 여자대학을 졸업한 뒤 존스홉킨스 대학원에 진학해 동물학을 배우고 연방정부 상무부의 어업국에 들어갑니다. 그녀는 어업국에서 일하면서 바다나 자연에 관한 글이나 논문을 썼으며 1962년에는 미국 잡지 「뉴요커」에 『침묵의 봄』을 연재합니다. 이것이 커다란 반향을 불러일으켰습니다. 이후 단행본으로 출판되어 베스트셀러가 됩니다.

카슨이 이 책을 쓴 계기는 1958년에 친구에게서 받은 편지 한 통 때문이었습니다. 지난해에 친구의 토지에 DDT가 공중에서 뿌려졌는데, 많은 들새가 죽었다는 내용이었습니다. 카슨은 이 편지를 읽고 농약이 자연환경, 나아가

인체에 악영향을 미친다는 사실을 알기 쉽게 책으로 써서 여론에 호소해야겠다고 생각했습니다.

DDT의 위험성

카슨이 『침묵의 봄』에서 특히 경종을 울린 것은 DDT에 대해서였습니다. 인류 역사에서 벼룩이나 이의 피해에서 처음 벗어날 수 있었던 것은 DDT의 발명 때문이었습니다. 벼룩이나 이에게서 해방되었을뿐더러 그것들 때문에 감염되는 질병을 박멸하는 일도 가능해졌습니다. 또한 농작물을 해치는 해충을 없애는 데도 효과를 보여 이를 발견한 스위스인 파울 뮐러는 노벨상을 받았습니다.

DDT의 위력은 제2차세계대전중에 나타났습니다. 벼룩을 없애기 위해 병사들이나 포로들, 피난민들에게 머리에서부터 DDT를 뿌린 것이 효과적이었습니다. 전후 일본에서도 항구에서 미군 병사들이 다른 곳에서 귀환한 사람들에게 DDT를 새하얗게 끼얹기도 했습니다.

DDT를 머리에서부터 뒤집어썼는데도 아무렇지 않았다……. 이것이 사람들이 DDT에 대해 지닌 인상이었습니다. 이를 계기로 "DDT는 인간에게는 전혀 해롭지 않다"라는 이미지가 널리 퍼졌습니다. 가루로 된 DDT는 피부로 잘 흡수되지 않기 때문에 큰 문제가 되지 않았지만 일단 체내에 들어가면 지방에 쌓여 간 장애를 일으킵니다.

먹이사슬을 통한 축적

아직 환경오염이라는 말이 없었던 시대입니다. 먹이사슬을 통해 독성물질이 쌓이는 메커니즘도 잘 알려져 있지 않았습니다. 하지만 숲에 뿌린 DDT가 몸에 묻은 곤충을 먹은 들새가 죽었듯이 자연에 흩뿌려진 DDT는 동물이나 채소를 통해 인간의 몸속에 쌓입니다.

어머니 뱃속에 있는 태아는 태반이 지켜주므로 보통 어머니 체내에 있는 독성물질이 태아의 몸에 들어가지 않습니다. 하지만 인간이 나중에 만들어낸 화학물질은 태반이라는 필터를 통과해버립니다. 또한 DDT 등 살충제는 모유를 통해 젖먹이의 몸속에 들어가 쌓인다는 사실도 알게 되었습니다.

극히 적은 양이 쌓이기 시작해 계속 쌓이면서 늘어나다 결국에는 간이 당하게 된다. 이는 평범한 식생활을 해도 일어날 수 있는 일이다.(45쪽)

지금은 상식이 된 개념을 사회에 널리 알린 사람이 카슨이었습니다.

무서운 독약이 되는 것도

일찍이 파라티온(parathion)은 강력한 농약으로 알려졌습니다. 파라티온은 밭에 뿌리면 해충을 말끔히 없애주고 금세 분해됩니다. 이상적인 농약이라 여겨졌지만 살포된

것이 남아 있는 곳에서 농사일을 하던 사람들이 급성 중
독을 일으킨다는 사실이 차츰 알려졌습니다.

독성이 어느 정도인지 자기 자신으로 인체 실험을 한 화학
자가 아주 적은 양만 먹었을 뿐인데도 급성으로 중독되어
움직일 수 없게 되는 바람에 준비해둔 해독제를 먹지도 못
한 채 사망했습니다. 그뿐 아니라 카슨은 이 책에서 단독
으로는 인체에 그다지 나쁜 영향을 미치지 않는 농약이 자
연계에서 다른 농약과 합쳐지면서 상호작용을 일으켜 인
체에 매우 해로워진다는 사실을 조금씩 알게 되었다는 사
실도 설명합니다. 게다가 농약을 계속 쓰면 해충들에게 저
항력이 생겨나 그때까지 쓰던 농약이 듣지 않게 됩니다.
한층 더 강력한 농약을 개발해야 하고 이런 악순환은 계
속됩니다.

<u>물이 오염되다</u>

농약 때문에 물도 오염됩니다. 밭에 뿌린 농약이 강으로

흘러들어가 물고기 몸에 쌓입니다. 여기까지는 예측할 수 있었지만 영향은 거기서 그치지 않았습니다. 콜로라도 주 군수공장에서 농약 등 화학약품을 생산하고 있었는데, 멀리 떨어진 농장에서 가축이 정체 모를 병에 걸리고 농작물이 모두 죽었습니다. 조사 결과 얕은 우물에서 농장의 관개용수를 길었던 것이 원인이었습니다. 지하 수맥을 통해 멀리 떨어진 장소에 오염물질이 스며들었던 것입니다. 더욱 충격적이었던 사실은 군수공장에서 생산하지 않는 제초제 성분까지 검출되었다는 점이었습니다. 공장에서 나온 오수를 야외에서 처리하는 동안 자연히 합성되었다는 사실을 알게 됩니다.

인간이 만들어낸 것이 인간이 상정한 범위를 넘어 생각지도 않은 영향을 미칩니다. 이번 원전 사고에서 빈번히 쓰인 "상정을 넘어서는"이라는 말이 떠오릅니다.

'다른 길'을 제시하다

우리는 이제 갈림길에 있다. …… 어떤 길을 선택할지 지금에 이르러서 고민할 것까지도 없다. 오랫동안 여행해온 길은 멋진 고속도로로 엄청난 속도에 취할 수도 있지만 우리는 속고 있다. 그 끝은 재앙이고 파멸이다. 또하나의 길은 별로 '사람도 다니지 않지'만 이 갈림길을 갈 때 비로소 우리가 사는 이 지구의 안전을 지킬 수 있는 마지막, 그리고 유일한 기회가 있다고 할 수 있으리라.(305쪽)

하지만 카슨이 농약으로 대표되는 화학약품의 위험성에 대해 말해왔다고는 해도 농약을 모두 없애자고 주장한 것은 아닙니다. 농약에만 의지하여 그때까지 쓰던 농약이 듣지 않으면 더 강력한 농약을 대량으로 쓰는 방식에 의문을 던지고 효과가 약한 농약을 필요한 최소의 양만큼만 사용하는 방법을 생각해야 한다고 제안합니다. 그뿐 아니라 해충의 천적을 늘리거나 많은 해충의 수컷을 불임으로 만들어 자연계에 풀어놓아 자손을 남길 수 없게 하

는 방법, 암컷이 풍기는 유인물질로 수컷을 모두 잡는 방
법 등 비용이 적게 들고 자연을 오염시키지 않는 방식도
구체적으로 내놓습니다.

농약의 위험성을 히스테릭하게 외치는 것이 아니라 구체
적인 대안을 제시한다는 것이 카슨의 방식이었습니다.

케네디 대통령이 움직였다

카슨의 책은 당시 미국의 케네디 대통령도 눈여겨보았
습니다. 백악관에서 열린 정례 기자회견에서 한 기자가
DDT 등 농약의 2차 피해에 과학자들의 관심이 높아지고
있다고 이야기하자, 케네디 대통령은 카슨 여사의 책이 나
온 이후 자신도 깊은 관심을 기울이고 있고 농무부나 공
중위생국이 이 문제를 조사하기 시작했다고 밝혔습니다.
그녀가 쓴 책 한 권이 미국 정부를 움직인 것입니다.

화학업계가 맹렬히 반발

케네디 대통령의 반응에 농약 관련 업계는 위기감을 느낍니다. 농약화학협회나 화학공업협회, 전미해충구제협회는 저마다 『침묵의 봄』에 대한 반론 팸플릿을 대량으로 만들었습니다. 그들은 『침묵의 봄』이 과학적이지 않고 정서적이라는 점, 농약으로 식량문제를 해결하는 등 농약의 효능이 크다는 점을 강조했습니다. 그 가운데에는 카슨이 독신 여성이라는 이유로 헐뜯거나 공산주의자라고 넌지시 비치는 등 카슨이 참기 힘든 공격들도 있었습니다. 하지만 전미 네트워크 텔레비전 CBS의 간판 방송 「CBS 리포트」가 카슨과 『침묵의 봄』을 다루자 전미 여론은 카슨을 지지하는 쪽으로 움직였습니다.

생산자 중시인가, 소비자 중시인가

카슨은 이 책에서 소비자보다는 생산자가 중시되어왔다

고 지적합니다.

허용량을 결정하는 데는 결국 모두의 식품이 독성이 있는 화학
약품으로 오염되어도 작물 생산자나 농산물 가공업자가 값싼 비
용으로 생산할 수 있어야 한다는 생각이 바탕에 깔려 있다. 그리
고 소비자가 독성이 있는 식품을 손에 넣지 못하게 하기 위해서
는 특별 관리 기관을 마련해야 한다. 그 유지비, 즉 세금을 내는
사람은 결국 소비자다. 하지만 많은 농약이 사용되는 지금, 이런
관리 기관이 그 기능을 충분히 발휘하기 위해서는 막대한 비용이
들어가는데, 그만큼의 예산을 의회에서 받아낼 수 없다. 그러므
로 결국 소비자는 세금을 내면서도 변함없이 계속 독을 먹는 손
해를 보게 된다.(211~212쪽)

그 무렵 카슨이 이미 소비자를 중시하는 '특별 관리 기관'
설치를 주장했는데도 일본에서는 2009년 9월에서야 소비
자청이 설치되었습니다.

DDT가 금지되었다

『침묵의 봄』이 나온 이후 DDT의 피해가 전 세계에 퍼져 있다는 사실이 알려지기 시작합니다. 1972년에 마침내 미국 정부는 DDT 사용을 금지했습니다. 『침묵의 봄』이 나오고 10년이 지나 카슨이 유방암으로 세상을 떠나고 8년 뒤였습니다. 너무 늦은 대응이었지만 카슨의 조용한 고발이 DDT 오염에서 세계를 구한 것입니다.

일본에서는 미국보다 조금 빠른 1971년에 사용 허가가 실효되는 형태로 DDT를 사용하지 못하게 됩니다(한국에서는 1970년대에 금지되었다—옮긴이). 하지만 선진국에서 사용이 금지된 DDT 등 맹독성 농약은 규제가 느슨한 개발도상국에서는 그뒤에도 계속 쓰였고 농약에 오염된 농산물이 선진국에 수출되는 '농약 부메랑'이 문제가 되고 있습니다.

일본에서는 작가 아리요시 사와코(有吉佐和子)가 1974년 10월부터 「아사히신문」에 연재한 소설 『복합오염』을 계기로 농약과 식품 안전에 대한 문제가 제기됩니다. 이 소설

에서 아리요시는 독성이 있는 물질이 여러 상호작용을
거쳐 더 강력한 독성을 띠는 '복합오염'의 실태를 사실적
으로 그려 일본 여론에 커다란 영향을 주었습니다. 아리
요시는 이 연재에서 레이첼 카슨을 소개합니다. 많은 일
본인은 이때 처음『침묵의 봄』의 존재를 알았습니다.

근대적 자연관에 대한 반성

지구상에서 가장 잘난 존재는 인간으로, 인간이 지구를
다시 만듭니다. 아름다운 마을이나 자연을 인공적으로
만듭니다. 카슨은 이런 근대적 자연관에 대한 반성을 요
구했습니다. 그 예가 느릅나무의 병과 관련한 대책이었습
니다.

1950년대에 미국 각지에서 느릅나무가 말라죽는 병이 돌
았습니다. 느릅나무좀의 번식이 원인이었습니다. 이 벌레
를 없애기 위해 살충제가 거듭 살포됩니다. 미시간 주립
대학 교내의 느릅나무에 살충제를 뿌린 결과 그때까지 대

힉 교내에 많이 있던 울새가 절멸되었습니다. 새에게 영향을 주지 않을 것이라고 살충제를 홍보했지만 살충제가 묻은 지렁이를 먹은 울새의 몸에 살충제가 쌓여 울새가 희생된 것입니다.

이를 바탕으로 카슨은 느릅나무좀을 뿌리 뽑는 일이 현실적이지 않다고 지적합니다. 생각을 바꾸어 환경보호 차원에서 "이 정도면 참을 수는 있는 선에서 그만두는 것이 좋다"고 의견을 내놓습니다.

맨 처음 드넓은 지역에 느릅나무 한 종류만 심었기 때문에 이런 질병이 퍼진다고 지적하고 다양한 나무를 심는 것이 질병 확대를 방지한다며 생물의 '다양성'이 중요함을 알렸습니다.

2010년 나고야에서 생물의 다양성을 지키기 위한 국제회의가 열리는 등 지금은 '생물의 다양성'이 키워드로 알려져 있지만 1960년대에 이 개념을 주장한 것은 카슨의 선견지명을 보여줍니다.

우리가 사는 지구는 우리 인간들만의 것이 아니다. 이런 생각에

서 출발하는 새롭고 꿈 많고 창조적인 노력에는 "우리가 다루는
상대는 생명이 있는 존재다"라는 인식이 시종일관 빛나고 있다.
……

"자연 정복." 이는 인간이 우쭐거리며 생각해낸 제멋대로의 문구
일 뿐이다. 생물학, 철학의 이른바 네안데르탈 시대에 생긴 말이
다. 자연은 인간생활에 도움을 주기 위해 존재한다면서 잘난 척
하고 있었던 것이다.(325쪽)

위기는 지금도

카슨이 경종을 울린 덕분에 일단 농약의 위험성은 알게
되었지만 우리는 화학물질이 넘쳐나는 가운데에서 생활
하고 있습니다. 독성이 강한 화학물질 다이옥신이 청소
공장의 소각으로 발생한다는 사실이 밝혀져 큰 소란을
일으킨 적도 있습니다. 이 문제는 전국의 청소공장 소각
로를 개선하면서 일단락되었습니다. 고온에서 쓰레기를
태워 다이옥신 발생을 억제할 수 있었습니다.

그뿐 아니라 1990년대 후반에는 '환경호르몬'이 큰 문제가 되었습니다. 이는 정식으로는 '내분비 교란물질'입니다. 환경에 녹아 나온 화학물질이 생물 체내에 들어가면 생물의 몸이 호르몬과 착각해 수컷이 암컷화 된다는 등의 문제 제기였습니다. 이에 관해서는 1998년에 당시 환경청이 연구를 시작했습니다. 그뒤 많은 물질이 포유류에는 영향을 미치지 않는다는 사실을 알았다는 결론을 내렸지만 지금도 연구는 계속되고 있습니다. 그리고 현재 일본에서는 원전 사고 때문에 생긴 식품의 방사능 오염이 심각한 문제가 되고 있습니다.

카슨이 50여 년 전에 지적했듯이 우리는 어디로 나아가려고 하는 것일까요? 우리 앞에는 갈림길이 있습니다.

출전

レイチェル・カーソン著, 靑樹簗一訳『沈黙の春』(新潮文庫); 김은령 옮김, 홍욱희 감수, 『침묵의 봄』, 에코리브르, 2011. 번역에서는 저자의 의도에 충실을 기하기 위해 가능한 한 이 책에서 인용한 내용을 따랐다. 참고로 인용된 부분에 해당하는 번역서 쪽수를 병기해두었다.

참고문헌

リンダ・リア著, 上遠恵子訳『レイチェル―レイチェル・カーソン「沈黙の春」の生涯』(東京書籍); 김홍옥 옮김, 『레이첼 카슨 평전』, 샨티, 2004.

上遠恵子『レイチェル・カーソンの世界へ』(かもがわ出版)

太田哲男『レイチェル＝カーソン』(清水書院)

제8장 종의 기원

On the Origin of Species

찰스 다윈

초판 1859년 영국

찰스 다윈(1809~1882)

우리의 지식은
얕건만 믿음만은
대단하다.

기독교 사회를 뿌리부터 흔들었다

일본의 고성능 휴대전화는 때로 놀림조로 '갈라파고스 휴대전화'라고도 불립니다. 일본의 휴대전화 대부분은 일본에서만 쓸 수 있는 독자적인 규격을 채택하고 있습니다. 그렇기 때문에 해외 시장에서 외국 제조회사에 뒤처졌다는 비판을 받습니다. 이런 상황을 아주 멀리 떨어져 있는 외딴섬에서 독자적으로 진화한 생물에 빗댄 것입니다.

갈라파고스 제도는 남아메리카 에콰도르에 속하지만 본토에서 서쪽으로 900킬로미터 정도 떨어져 있습니다. 크고 작은 100개 이상의 섬과 바위로 이루어져 있습니다. 이곳에는 갈라파고스 땅거북, 이구아나, 펭귄 등 많은 생물이 사는데, 이들 모두 대륙의 생물과는 크게 다를뿐더러 섬마다 그 특징이 다릅니다. 바다에 둘러싸여 있어서 섬에 사는 생물이 각자 독자적으로 진화했다고 여겨집니다.

갈라파고스 생물들이 영감의 원천이 되다

1835년에 갈라파고스를 방문한 영국의 박물학자 찰스 다윈은 그 모습에 놀라 많은 표본을 채집하여 귀국합니다. 이것이 이후 그가 진화론을 생각하는 힌트가 됩니다. 이때부터 갈라파고스는 '독자적인 진화'라는 말의 대명사로 쓰이게 되었습니다. 단 휴대전화의 경우에는 부정적인 이미지로 사용되고 있습니다.

다윈의 진화론을 계기로 알려진 갈라파고스 제도는 세계유산(자연유산)으로도 지정되어 많은 관광객이 찾고 있습니다. 섬에는 그를 기념하여 '찰스 다윈 연구소'가 세워졌습니다.

다윈이 진화론을 제시한 책은 『종의 기원』이었습니다. 이 책은 이후 생물학과 유전학에 커다란 발전을 가져왔습니다. 이 책도 세계를 바꾼 책 가운데 하나입니다. 이 장에서는 『종의 기원』에 대해 살펴보겠습니다.

탄생 200주년

2009년은 다윈 탄생 200주년이자 『종의 기원』 출판 150주년이기도 했습니다. 찰스 다윈은 1809년 2월 영국의 작은 상업 도시 슈루즈베리에서 태어났습니다. 아버지는 유복한 개업의이고 어머니는 유명한 도자기회사 웨지우드 창업자의 딸입니다.

다윈은 곤충채집과 낚시를 매우 좋아하는 소년으로 아버지와 같은 의사를 목표로 에든버러 대학 의학부에 입학합니다. 하지만 의사가 적성에 맞지 않는 듯해 자퇴합니다. 케임브리지 대학에 다시 들어가 목사의 길을 걷기 시작합니다. 그런데 영국 해군의 측량선 '비글호'에 승선하면서 인생이 크게 바뀝니다. 목사가 되는 것을 그만두고 박물(생물)학자의 길을 걸어가게 됩니다. 당시 스물여섯 살이던 비글호 함장은 아마추어 지질학자이기도 해서 배에서 교양 있는 대화를 나눌 싱대를 찾다 스물두 살의 다윈을 선택했습니다.

5년에 걸친 세계 일주 항해 도중 다윈은 배에서 내려 남아메리카 각지의 내륙부를 조사합니다. 그뒤 갈라파고스 제도에 이르러 그곳에서 5년 동안 머뭅니다. 그는 귀국한 뒤 항해 체험을 『비글호 항해기』라는 제목으로 출판하고 평판을 얻습니다.

그뒤 그는 왜 다양한 생물이 존재하느냐 하는 문제를 집중 탐구하여 1859년에 『자연선택의 방법에 의한 종의 기원, 또는 생존경쟁에서 유리한 종족의 보존에 대하여』라는 제목으로 세상에 내놓은 것이 이른바 『종의 기원』입니다. 초판은 1,250부였습니다. 일반인의 호평을 받고 곧이어 바로 다 팔립니다. 지금으로 따지면 부수가 적어 마치 학술서 같지만 당시 영국에서는 일반인을 대상으로 팔았고 판매도 좋았습니다. 그뒤에도 연이어 개정판을 내서 전부 6판, 1만 8,000부가 팔렸습니다. 당시로서는 획기적인 베스트셀러입니다.

다윈의 책은 "지구상의 생물은 신이 창조했다"고 믿는 기독교도의 비판을 받았지만 많은 학자의 지지를 받고 이후 유전학과 생물학이 크게 발전하는 기초를 세웠습니다.

일흔세 살에 세상을 떠난 다윈의 유해는 런던 웨스트민

스터 사원에 묻혔습니다. 2011년 4월에 윌리엄 왕자와 케이트 왕자비가 결혼식을 올린 곳이라고 하면 알겠지요. 웨스트민스터 사원은 국왕의 대관식이나 국장 등 국가 행사가 치러지는 장소인 동시에 내부 벽이나 바닥에는 역대 국왕이 매장되어 있는 곳입니다. 또한 만유인력을 발견한 아이작 뉴턴, 작가 찰스 디킨스, 작곡가 프리드리히 헨델 등 영국이 자랑하는 학자나 작가, 음악가가 잠들어 있는 곳으로도 유명합니다.

진화론을 주창하여 교회의 권위를 떨어뜨린 인물이 교회에 묻혀 있다니 아이러니컬하지만 그만큼 높이 평가를 받은 인물이었습니다. 영국인이 다윈을 얼마나 자랑스럽게 여기는지는 지폐에서도 드러납니다. 영국 지폐 앞면은 모두 엘리자베스 여왕의 초상이지만 10파운드 지폐 뒷면에는 다윈의 초상화가 그려져 있습니다.

생물은 신이 창조한 것인가?

『구약성경』에 따르면 신은 6일 동안 세계를 창조했다고 합니다. 온갖 생물은 물론 자신과 닮은 인간도 만들었습니다. 이것이 진실이라면 다양한 생물은 모두 처음 만들어진 그때의 모습 그대로이겠지요. 그런데 다윈은 영국으로 돌아온 뒤 여러 생물을 주의깊게 관찰하면서 많은 종이 조금씩 변화하며 다양한 종이 생겨난 것이 아닐까 하는 생각을 합니다. 갈라파고스 제도에서도 같은 계통의 생물들이 섬마다 다른 종이 되어 있었습니다. 원래는 같은 종이었다가 조금씩 변화하거나 갈라지면서 다양한 종이 생겨난 것은 아닐까 하는 생각이었습니다. 다시 말해 지구상의 생물은 신이 창조한 것이 아니라 자연계에서 '진화'했다는 이야기입니다.

다윈은 『종의 기원』에서 딱 잘라서 말합니다.

창조주가 개개의 생물 종을 개별적으로 창조했다는 창조설의 견해를 대부분의 내추럴리스트▪들이 받아들였고 나 자신도 과거에

는 받아들였지만, 이는 분명히 잘못되었다는 결론이다. 종은 불
변하지 않는다. 같은 종의 변종이라 분류되는 것은 그 종의 자손
이다.(73쪽)

변화하면서 다양한 종이 태어난다

다윈은 생물이 변화하면서 다양한 종이 태어난다는 사실
을 조사하기 위해 손쉬운 조사 대상으로 집비둘기를 고
른 뒤 런던에 있는 비둘기 애호 클럽 두 곳에 회원으로
들어가 수많은 비둘기를 관찰했습니다. 그 결과 모든 품
종은 양비둘기 단 한 종의 자손이라는 결론을 내립니다.
그는 말합니다. 낙타든 소든 닭이든 인간들의 편의에 따
라 품종 개량을 해온 것이 아닌가 하고.

선택된 개체는 질이 떨어지는 개체보다 분명 더 많은 사손을 남
길 것이다.(113쪽)

재배식물에서도 팬지, 장미, 제라늄, 달리아 등을 현재의 변종과
옛날 변종 또는 원종을 비교해보면 크기와 아름다움이 향상되었
음을 확인할 수 있다. 즉 그 시점에서 최상의 개체를 때때로 보
존하기만 해도 서서히 개량이 진행된다.(113쪽)

딸기는 재배를 시작한 시점부터 늘 변이를 일으켰다. 하지만 극
히 적은 변이밖에 일으키지 않은 개체는 계속해서 무시당했다.
그런데 조금이라도 열매가 크거나 조숙하거나 달콤한 개체를 원
예가가 골라 그 종자를 뿌리고, 열매가 달린 개체에서 최상의 것
을 골라 교배하는 일을 반복하자마자(다른 종과의 교배 등도 섞음으
로써) 3, 40년 사이에 훌륭한 딸기 품종 여러 개가 나왔다.(117쪽)

인간들이 동물이나 식물을 자신들에게 편리하게끔 개량
해온 이유는 자연히 발생하는 변이를 눈치채고 편리한 변
이의 특징을 살리려고 했기 때문입니다. 변이가 자연히
발생한다면 인간이 깨닫지 못하는 곳에서 변이는 늘 일어
나고 있을 것입니다.

변이와 자연선택

이렇게 변이한 생물들은 이번에는 스스로의 생존을 걸고 투쟁합니다. 투쟁에서 이기지 못하면 '자연도태'됩니다.

언뜻 보기에 자연은 기쁨으로 빛나고 이 세상에는 음식이 넘쳐나는 것 같다. 하지만 그렇게 보이는 이유는 느긋하게 지저귀는 작은 새들 대부분이 벌레나 종자를 먹고 살며 늘 살생을 하고 있다는 사실에 눈을 돌리지 않거나 이를 잊고 있기 때문이다. 또는 그 작은 새들과 알, 병아리들도 맹금류나 육식동물의 먹이가 된다는 사실도 잊고 있기 때문이다.(140쪽)

사과 같은 나무 종류에 기생하는 기생목에 대해서도 숙주가 되는 나무와 투쟁하고 있다는 식으로 표현하지 못할 것은 없다. 기생을 당하는 측에서도 나무 한 그루에 많은 기생목이 기생하다가는 말라죽을 수도 있기 때문이다. 단 오히려 같은 나무, 같은 가지에 밀집한 기생목의 어린싹이 서로 투쟁하고 있다고 말할 수 있을 것 같다. 한편, 새가 기생목의 종자를 옮기기 때문에 기생목

은 그 존속을 새에 의존한다. 그렇게 되면 기생목은 같은 열매가
열리는 다른 식물과 투쟁하고 있다고 말하는 것도 비유적으로는
가능하다. 새가 다른 열매보다 자신의 열매를 더 잘 먹고 종자를
퍼뜨려줄 필요가 있기 때문이다.(140쪽)

생물은 필사적으로 생존경쟁을 한다는 뜻입니다. 살아남
기 위한 생명력이 없는 생물은 절멸됩니다. 지금도 살아
남아 있는 생물은 냉혹한 생존경쟁을 줄곧 이겨냈습니
다. 그 과정에서 변이한 생물은 어이없이 죽을지도 모르
지만 반대로 씩씩하게 살아남을 가능성도 있습니다. 살
아남은 개체는 동료를 늘립니다. 그리하여 천적을 피해
환경에 적응할 수 있었던 종만 살아남았습니다. 이것이
'변이와 자연선택'이라는 이론입니다.
지금은 우리의 상식이 된 이론을 이때 다윈이 처음 주장
했습니다.

이 세상에 존재하는 모든 생물은 개체수를 최대한 늘리기 위한
투쟁을 하고 있다고 할 수 있다.(143~144쪽)

식물이든 동물이든 자신의 자손을 남기고 늘리기 위해 열심히 생존행동을 하지만 다른 모든 생물도 똑같은 행동을 하기에 한 종류의 생물만이 늘어나지는 못합니다. 그 생존경쟁에 져서 절멸하는 생물도 있습니다. 여기서 다윈은 『성경』을 암암리에 비판합니다.

우리의 지식은 얕건만 믿음만은 대단하다. 그 때문에 생물의 절멸이라는 말을 들으면 허둥지둥하며 원인도 모르는 채 세계를 집어삼켰다고 하는 큰 홍수 탓으로 돌리거나 생물 종에는 수명이 있다는 등의 법칙을 생각해낸다.(149쪽)

"세계를 집어삼켰다고 하는 큰 홍수"가 『구약성경』에 나오는 '노아의 방주' 이야기를 가리키고 있는 것은 분명하지요. 신이 타락한 인간들을 모조리 없애기 위해 큰 홍수를 일으키면서 경건한 노아 일족에게만 방주를 만들게 해 살려주었다는 이야기입니다. 노아는 지구상의 모든 생물을 한 쌍씩 배에 태웠고 남은 생물은 홍수로 모두 사라졌다고 합니다. 다윈은 이를 명확히 비판합니다.

자연선택은 세계 도처에서 하루 또는 1시간도 빠짐없이 극도로
작은 것까지 온갖 변이를 자세히 조사하고 있다고 해도 좋을 것
이다. 나쁜 변이는 버리고 좋은 변이는 모두 보존하여 축적한
다. …… 기회만 주어지면 언제 어디서나 조용히 조금씩 이 일을
진행한다. 긴 세월이 지나기까지 천천히 진행되는 이 변화를 우
리가 눈치채는 일은 없다.(158쪽)

다윈의 시대에는 유전이 어떻게 일어나는지 아직 알지 못
했습니다. 하물며 유전자 같은 것은 발견되지 않았지요.
이런 제약 속에서 다윈은 이만큼의 성과를 올렸습니다.

이행중인 종을 찾을 수 없다

다만 다윈의 학설에는 반대론도 있었습니다. 다윈은 미리
이런 논점을 예상하고 이 책에서 설명합니다. 그 가운데
하나는 세상에는 다양한 종이 있는데, 기존의 종에서 새
로운 종이 생겨나 잇따라 변이해간다면 중간과정에 해당

하는 생물이 발견될 만한데 왜 발견되지 않는가라는 비
판입니다. 이에 대해 다윈은 새로운 종이 경쟁 상대인 종
래의 종을 대신하고 기존의 종은 사라지기 때문이라고 설
명합니다. 단 그런 것치고는 이행과정에 있는 생물의 화
석이 발견되지 않았습니다. 이에 대해서는 지질학 기록이
완전하지 않다고 해명합니다. 요즘 들어 명백히 이행과정
에 있다고 생각되는 생물의 화석이 잇따라 발견되고 있으
므로 지금에 이르러서야 다윈의 학설이 옳았음이 증명되
었다고도 할 수 있습니다.

이처럼 다윈은 예상되는 비판에 대해서는 미리 답을 준비
해두는 한편, 모르는 부분은 그대로 "모른다"라고 하거나
"안이한 결론은 피해야 한다"라고 씁니다. 학문에 대한
다윈의 성실함을 엿볼 수 있습니다.

격렬한 논쟁을 일으키다

다윈의 이론은 빅토리아 왕조 시대 영국에 커다란 논쟁

을 불러일으켰습니다. 당시 영국에서는 기독교 교회의 힘
이 컸습니다. 기독교에서는 신이 모든 생물을 창조했다고
여겨 생물이 잇따라 변종을 일으켜 진화한다는 이론은
도저히 받아들일 수 없었습니다. 신의 존재를 부정하는
것과 마찬가지이기 때문입니다. 이 이론을 따르면 인간은
신이 창조한 것이 아니라 "원숭이에서 진화"한 것이 됩니
다. 이 일로 다윈을 원숭이에 비유한 풍자화가 등장했습
니다. 물론 다윈의 이론에서 인간은 "원숭이에서 진화"한
것이 아니라 "인간과 원숭이는 공통 조상에서 갈라져 나
왔다"고 하지만요.

반면 기독교도이지만 생물이 변이한다는 사실을 받아들
이는 사람들도 있었습니다. 그들은 신의 존재를 인정하면
서 진화론을 받아들이는 타협을 했습니다. 이는 생물이
진화한다는 '설계도'를 맨 처음 창조한 이가 신이라는 사고
방식입니다. 신이 진화의 설계도를 맨 처음 그렸기에 신이
창조한 생물들이 차차 진화해갔다는 것입니다. 나중에 다
시 이야기하겠지만 이런 사고방식은 현재 미국에서도 주
장되며 일정한 영향력을 미치고 있습니다.

마르크스에게도 영향을 주었다

다윈과 같은 시대에 살던 뜻밖의 인물이 그의 진화론에
자극을 받았습니다. 바로 카를 마르크스입니다. 다윈이
전개한 자연선택론은 마르크스가 자본주의의 자유경쟁
시장을 생각하게 만들었습니다. 마르크스는『자본론』에
서 다윈의『종의 기원』을 이야기합니다. 심한 생존경쟁에
서 환경에 적응한 생물만이 끝까지 살아남는 모습은 실
로 자본주의 경제의 기업을 방불케 했던 모양입니다.
독일 출신이지만 영국으로 망명해 런던에서『자본론』을
완성한 마르크스는 이 책을 다윈에게 헌정했습니다.

'사회진화론'을 낳다

다윈이 주장한 진화론은 그 자신이 생각하지노 못뤘던
영향을 가져왔습니다. 바로 '사회진화론'입니다. 이는 적
자생존론을 사회에 단순히 적용시킨 사상입니다. 참혹한

생존투쟁에서 이긴 생물만이 자연선택되어 남습니다. '환경에 적응하는 생물'만이 살아남으며 살아남은 생물은 옳다는 입장입니다. 이런 생각을 당시 자본가들은 반겼습니다. 힘 있는 생물이 살아남듯이 가장 효율적인 기업이 시장을 독점하는 것을 당연하다고 생각했습니다. 자신들이 바로 '환경에 적응한 자'라고 생각한 것이지요.

이 사상은 약자에 대한 사회복지를 부정하는 것으로 이어졌습니다. 사회복지를 충실히 하면 원래는 없어져야 할 기업이나 개인이 살아남아 경제나 사회에 나쁜 영향을 미치고 사회 전체가 약해진다는 것입니다. 자유방임주의·약육강식 사회야말로 바람직한 모습이라는 이야기입니다.

또한 백인들의 아시아·아프리카 원주민 지배를 정당화하는 이론이 되기도 했습니다. 힘있는 자가 그렇지 않은 자를 이기는 것은 자연의 섭리라는 사상입니다. 이는 식민 지주의나 인종차별의 이론적 근거로 쓰이기도 했습니다. 그뿐 아니라 우생학(優生學)도 만들어졌습니다. 장애나 정신 질환이 있는 사람은 환경에 적응할 수 없는 '열등한 생물'이므로 사회에서 격리시켜야 할 대상이라고 보는 무서운 사상입니다. 나치 독일이 이를 실천하게 됩니다.

대기오염에서도 자연선택

다윈의 학설을 단순히 사회에 적용하는 것은 터무니없는 결과를 가져왔지만, 생물학 분야에서는 커다란 발전이었습니다. 다윈의 학설은 그뒤 실제 실험을 통해서도 확인됩니다. 1950년대 영국에서 생물학자가 실행한 회색가지나방에 대한 조사입니다. 이 나방에는 후추를 흩뿌린 듯한 모양의 날개가 있는 유형과 새까만 돌연변이체 유형이 있습니다. 보통 떡갈나무 줄기에 앉으면 후추를 뿌린 듯한 유형의 나방은 눈에 잘 띄지 않습니다. 반면 대기오염 때문에 검게 물든 나무줄기에서는 새까만 유형의 나방이 눈에 띄지 않습니다. 연구자는 두 종류의 나방을 그을음 때문에 나무가 검어진 숲과 공기가 깨끗한 교외 숲에 풀어놓았습니다.

결과는 극적이었습니다. 나무가 검게 물든 장소에서는 후

추를 뿌린 듯한 유형의 나방이 눈에 띄기 쉬워 들새에게
잡아먹혔습니다. 이와 달리 공기가 깨끗한 숲의 나무에서
는 이와는 정반대의 현상이 벌어졌습니다.

대기오염이 진행되었던 영국에서는 돌연변이 한 새까만
나방이 살아남을 수 있었던 것입니다. 요즘에는 정부의
오염방지대책이 효과를 보여 그을음으로 검게 변한 나무
가 줄어든 탓에 새까만 나방은 들새 눈에 띄어 숫자가 크
게 줄었다고 합니다. 이게 바로 자연선택입니다.

유전학, 분자생물학 발전에

그뒤 20세기 후반에 이르러 유전자의 존재가 밝혀짐에
따라 다윈의 진화론은 새롭게 조명됩니다. 돌연변이를 일
으키는 것이 유전자의 염색체 돌연변이 때문임을 알게 되
었기 때문입니다.

한편, 1976년에 나온 리처드 도킨스의 『이기적인 유전자』
는 격렬한 논쟁을 불러일으켰습니다. 모든 생물은 유전자

가 다음 세대의 유전자를 낳는 '기계'일 뿐이라는 주장은 사람들에게 충격을 주었습니다. 하지만 그뒤에도 진화나 유전은 새로운 유전학, 분자생물학으로 발전하고 있습니다.

1996년에는 당시 로마 교황 요한 바오로 2세가 "진화는 가설 이상이다"라고 하여 사실상 진화론을 처음 인정하는 서한을 발표했습니다. 다만 다윈의 진화론은 변이는 환경에 적응할 수 있는 것만이 살아남는다는 자연선택의 사고였지만 현재 생물학에서는 그뒤의 연구 성과를 바탕으로 '중립진화론' 같은 여러 이론이 주장되는 등 지금도 연구가 이어지고 있습니다.

미국에 뿌리깊은 '반진화론'

진화론에 관한 가장 격렬한 논쟁이 지금도 이어지고 있는 곳은 미국입니다. 우리에게는 상식인 진화론을 결코 믿으려 하지 않는 사람들이 미국에 많기 때문입니다. 1925년

에는 미국 남부 테네시 주에서 고등학교 생물 수업시간에
진화론을 가르친 교사가 체포되어 재판에 회부되는 사건
이 일어났습니다. 이 재판은 "인간이 원숭이에서 진화했
다는 등의 이론을 가르쳐서 재판이 열렸다"라는 뜻에서
'원숭이 재판'이라 불렸습니다. 당시 테네시 주 등 남부의
각 주에는 진화론을 가르치는 것을 금지하는 법률이 있
었습니다. 인간은 신이 창조했고 인간이 '하등한 생물'에
서 진화했다는 이론이 끔찍하다는 것이었습니다. 재판은
온 미국에 보도되었고 이후 1960년에는 영화로 만들어지
기도 했습니다.

재판 결과는…… 유죄였습니다. 교사에게는 벌금 100달
러가 부과되었습니다. 놀라운 일입니다. 피고는 항소했습
니다. 그뒤 지방법원에서의 판결에 절차상의 실수가 있었
다고 하여 유죄 판결을 파기하는 애매한 결말이 났습니
다. 이후 미국 연방대법원에서는 남부 각 주의 진화론 금
지법은 위헌이라는 결론을 내렸습니다. 진화론을 금지하
는 논리는 종교적이고 공립학교의 교육에 특정 종교를 강
요해서는 안 된다는 것이 그 이유였습니다.

하지만 미국에 많이 있는 기독교 원리주의자들은 여기에 굴하지 않습니다. 이번에는 '지적 설계'라는 이론을 꺼내 듭니다. 이는 인간을 포함한 생물이 진화해온 것은 어떤 '지적'인 존재의 '설계'에 바탕을 두고 있다라는 태도입니다. 요컨대 "신의 설계도에 따라 생물은 진화한다"라는 이론의 현대판입니다.

미국 남부에서는 진화론과 함께 '지적 설계'에 대해서도 똑같은 시간만큼 가르쳐야 한다는 운동이 이어지고 있습니다. 미국 교육위원회의 경우 주민들이 선거로 뽑은 의원들이 학교 교육 내용에도 발언권을 갖고 있습니다. 그렇기 때문에 기독교 원리주의인 부모가 교육위원 다수를 차지하면 학교에서 진화론 대신 '지적 설계'를 가르치기를 요구합니다. 또한 진화론이 아니라 '창조론'을 가르치는 운동도 활발합니다. 미국 켄터키 주에는 '창조 박물관'이 있습니다. 나는 이곳을 2011년 3월에 취재했습니다.

이 박물관 운영 단체에 따르면 신이 세계를 창조한 것은 기원전 4004년. 세계는 아직 6,000년밖에 지나지 않았다고 합니다. 이를 '증명'하기 위한 전시물이 전시되어 있고

많은 가족이 찾아옵니다. 공룡과 인간이 함께 노아의 방
주에 들어가는 모형이 전시되어 있었습니다.

내가 인터뷰한 가족들 가운데에는 "아이를 학교에 보내면
진화론을 배우기 때문에 학교에 보내는 대신 집에서 가르
친다"는 어머니도 있었습니다. 미국에는 지금 이렇게 홈
스쿨링을 하는 가정이 100만 세대나 있다고 합니다.

이 박물관(테마파크라 부르는 편이 알맞겠지만)은 조만간 '노
아의 방주'의 실물 크기 모형을 만들어 새로운 박물관으
로 개관할 계획입니다.

『종의 기원』이 출판되고 150년이 지나도 진화론을 완강하
게 부인하는 사람들이 있습니다. 이 또한 미국의 현실입
니다.

출전

チャールズ・ダーウィン著, 渡辺政隆訳『種の起原 上,下』(光文社古典新訳文庫); 『종의 기원』한국어판은 국내에 여러 권 있다. 번역에서는 저자의 의도에 충실을 기하기 위해 영어판을 참조하되 가능한 한 이 책에서 인용한 내용을 따랐다. 참고로 송철용 옮김, 『종의 기원』, 동서문화사, 2013의 해당 쪽수를 병기해두었다.

참고문헌

ジャネット・ブラウン著, 長谷川眞理子訳『ダーウィンの「種の起原」』(ポプラ社); 이한음 옮김, 『종의 기원 이펙트』, 세종서적, 2012.
斎藤成也『ダーウィン入門―現代進化学への展望』(ちくま新書)

주

■"내추럴리스트"는 지금까지 '박물학자'라고 번역되었는데, 재야의 자연관찰가도 포함된다고 하여 〔이 책이 저본으로 삼은―옮긴이〕와 타나베 번역에서는 원문 그대로를 썼다.

제 9 장 고용, 이자 및 화폐에 관한 일반 이론

The General Theory of Employment,

Interest and Money

존 M. 케인스

초판 1936년

존 M. 케인스(1883~1946)

우리가 생활하고 있는
경제사회의 뚜렷한 결함은
그것이 완전고용을
제공할 수 없다는 사실,
부와 소득의 분배가
자의적이고
불공평하다는 사실.

경제 불황에서 구한 '처방전'이 되었다

경기가 나빠지면 정부가 공공사업 등의 지출을 늘려 경
제를 활성화시킵니다. 금리를 내려 기업 투자를 활발하게
합니다. 이는 경기대책의 상식입니다. 중학교 사회시간에
배우는 내용입니다. 하지만 과거에는 상식이기는커녕 '터
무니없는 이야기'라 여겼던 적도 있습니다. 이를 세상의
상식으로 만든 책. 그것이 이 장에서 살펴볼 존 M. 케인
스의 『고용, 이자 및 화폐에 관한 일반 이론』입니다.

되살아나는 케인스

『고용, 이자 및 화폐에 관한 일반 이론』은 1936년에 출간
되었는데, 세계 경제학자들에게 케인스 쇼크라고도 불리
는 영향을 주었습니다. 그뒤로 세계 경제학의 상식을 크
게 바꾸어 세계 각국의 경제정책에 커다란 영향을 미쳤
습니다. 그때까지는 설사 불황에 빠진다 해도 정부는 재

정지출을 적자가 되지 않게 운영했는데, 오히려 이것이 불황을 더욱 심각하게 만들어 공황에 이른 적도 있습니다.

하지만 케인스 경제학 덕분에 각국 정부는 적극적으로 재정지출을 늘려 공황이 닥치는 것을 미리 막을 수 있게 되었습니다. 일찍이 마르크스가 '예언'한 공황은 일어나지 않았고 자본주의는 살아남았습니다. 이런 생각이 미국 경제학자들에게 큰 영향을 주어 '케인지언'이라 불리는 경제학자가 많이 나왔습니다. 미국 정부의 경제정책에도 커다란 영향을 미쳤습니다.

한편, 정부의 역할이 지나치게 커지는 바람에 자유로운 경제활동이 방해를 받자 경제 발전에 장해물이 된다는 비판도 나왔습니다. 이와 동시에 "케인지언은 죽었다"라는 말이 나돌았습니다. 그러던 가운데 2008년에는 리먼 쇼크가 일어났습니다. "100년에 한 번 일어날 법한 비상사태"에서 케인스 정책이 다시 주목을 받았습니다. 그러면 지금부터 출판된 뒤 70여 년이 지나도 빛이 바래지 않는 『고용, 이자 및 화폐에 관한 일반 이론』에 대해 살펴봅시다.

단 이 책은 경제학을 모르는 사람에게는(나름대로 아는 사
람에게도) 무척 어렵습니다. 그래서 앞 장들과는 달리 본
문 인용은 최소한으로 줄이고 무엇을 논의하고 있는지를
요약하는 형태로 이야기하겠습니다.

그도 돈벌이로 성공했다

"경제학은 도움이 되지 않는다. 부자 경제학자는 없기 때
문이다."

이렇게 빈정거리는 말이 있습니다. '경제학자는 자기 연구
성과를 바탕으로 돈을 벌 수 있을 텐데, 부자가 없는 것
은 이론이 도움이 되지 않기 때문이다'라는 뜻입니다. 경
제학이 꼭 '부자가 되기 위한 학문'은 아니므로 이런 비판
은 안 맞지만 케인스에 관해 말하면 '경제학이 도움이' 되
었습니다. 케인스는 그의 경제학 지식을 활용하여 투기를
하고 자금을 벌었기 때문입니다. 그는 환투기나 상품투기
로 돈을 벌었습니다. 카지노에서 크게 손해를 보고 몬테

카를로에서 돌아올 여비까지 잃어버려 지인에게 돈을 꾼
적도 있지만 전체적으로는 상당히 남는 장사였던 모양입
니다.

단 여기에는 케인스만의 사정도 있었습니다. 대학에서 주
는 월급만으로는 생활할 수 없었기 때문입니다. 빼어난
미모의 러시아 발레리나에게 반해 러시아 발레 공연 일등
석을 사고 발레단 단원들을 접대해야 했습니다. 훗날 케
인스는 이 발레리나와 결혼합니다. 그전에 발레리나는 미
국에 남편이 있었지만요.

세계공황 연구에서 탄생했다

1929년 뉴욕 주식시장에서 대폭락이 일어나자 미국 경제
는 심각한 불황에 빠졌고 세계무역도 마비됩니다. 불황
은 세계로 널리 퍼져 결국에는 세계공황으로 발전했습니
다. 그런데 당시 미국과 영국 정부는 손쓸 도리도 없이 오
히려 공황을 더욱 심각하게 만들었습니다. 케인스는 이를

바탕으로 연구하여 기존의 경제학을 비판하는 『고용, 이자 및 화폐에 관한 일반 이론』을 썼습니다.

당시 영국 정부는 경기 악화로 줄어든 세수에 맞추어 지출을 줄였습니다. 균형재정정책(수입과 지출이 같아야 한다는 정책)을 유지했지요. 또 대량의 실업자가 발생한 데 대해서는 "임금이 너무 높기 때문에 기업이 채용을 보류하고 있다"고 생각해 임금 인하를 단행했습니다.

당시의 주류 경제학은 "자유방임이 옳다"는 입장이었습니다. 경제는 기업의 자유경쟁에 맡겨야 하고 정부의 시장 개입은 가능한 한 줄이는 것이 건전한 경제 발전으로 이어진다고 생각했습니다. 케인스는 이런 생각을 시대착오라 여기고 지금까지의 주류 경제학을 '고전학파'라 부르며 강하게 비판했습니다.

케인스는 자신의 문제의식을 다음과 같이 설명합니다.

우리가 생활하고 있는 경제사회의 뚜렷한 결함은 그것이 완전고용을 제공할 수 없다는 사실, 부와 소득의 분배가 자의적이고 불공평하다는 사실이다.(제24장)

결함이나 불공평은 시정해야 하는데, 시장경제는 방치해
두면 많은 실업을 가져오거나 불황을 더욱 심각하게 만들
므로 정부의 적극적인 재정정책이 필요하다는 주장이었
습니다.

'비자발적 실업'은 존재한다

'수요·공급 곡선'의 그림을 기억합니까?

수요가 늘어나면 상품가격은 올라가지만 그만큼 상품 공
급도 늘어나 조금 지나면 가격이 안정된다는 개념도입니
다. 이와 반대로 수요가 줄어들면 상품이 팔리지 않아 가
격이 내려가지만 가격이 내려가면 돈을 벌지 못해 상품
공급도 줄어들므로 얼마 지나지 않아 가격이 안정됩니다.
고전파 경제학자들은 이를 노동시장에도 단순히 적용하
여 생각했습니다. 그들의 생각을 요약하면 다음과 같습
니다.

경기가 악화되어 상품이 팔리지 않으면 기업은 노동자의
채용을 미루고 임금도 낮춘다. 임금이 싸도 일하고 싶다
는 노동자가 있으면 실업은 발생하지 않는다. 그런데도 실
업자가 존재하는 이유는 "이렇게 적은 임금으로는 일하
고 싶지 않다"고 생각하는 '게으름뱅이' 때문이다. 이것이
'자발적 실업'이다.

또는 일하고 싶은 사람이 많이 있는데도 채용을 적게 한
다면 이는 임금이 아직 너무 비싸서 기업이 인재 채용을
미루고 있기 때문이다. 왜 임금이 내려가지 않는가? 이는
노동조합이 임금 인하에 반대하기 때문이다.

이와 같은 생각에서는 정부가 노동조합을 공격하여 임금
인하를 하려고 합니다. 이에 노동조합이 반발하여 파업
을 하기 때문에 경제나 사회에 큰 혼란이 일어납니다. 이
것이 케인스 시대의 영국이었습니다.

이에 반해 케인스는 임금이 낮아도 일하고 싶은 노동자가
많이 있는데 실제로는 취직할 수 없는 '비자발적 실업'이
존재함을 보여주었습니다. 그의 생각을 요약하면 다음과

같습니다.

경제가 악화되면 기업은 고용을 늘리지 않고 노동자를 줄인다. 또는 임금을 깎는다. 그러면 노동비용이 줄어 기업의 이익이 늘어나기 때문에 기업은 채용을 늘릴지도 모른다. 그런데 임금이 깎이면 노동자의 소득이 줄어들므로 노동자는 소비를 줄인다. 그 결과 상품에 대한 수요도 줄어 기업의 이익은 감소한다.

기업의 이익이 줄어들면 노동자를 채용하려는 움직임이 일어나지 않는 정도가 아니라 인원을 더욱 줄이는 방향으로 움직이기 때문에 경기는 점점 더 악화된다…….

그리하여 '비자발적 실업자'가 늘어난다는 이야기입니다. 지금은 상식인 이 관점을 제시한 사람이 케인스였습니다.

'승수효과'를 몰랐던 간 총리

2010년 1월 참의원 예산위원회에서 일어난 일입니다. 민주당 정부가 내건 '자녀 수당'의 경제효과에 대해 자민당 의원이 간(菅) 총리에게 '승수효과'가 어느 정도인지 물었지만 간 총리가 '승수효과'를 모른다는 사실이 밝혀지면서 의사 진행이 중단되었습니다.

승수효과나 '승수이론'을 확립한 사람이 케인스입니다. 간 총리도 케인스 경제학을 공부해두었으면 좋았을 텐데요.

'자녀 수당'을 예로 들어 승수이론을 설명해보겠습니다. 정부가 어린 자녀가 있는 가정에 '자녀 수당'을 지급하면 가정에서는 자녀를 위해 옷을 사거나 학습 교재를 사겠지요. 물론 일부는 저축을 할지도 모르지만요. 이로써 어린이 용품 업계의 매상이 오르고 어린이용 학습 교재 업계도 이익이 올라가면 이 업계에서 일하는 사람들의 급여가 늘어나겠지요. 늘어난 만큼의 급여로 직원들이 차를 사거나 레스토랑에 가면 이번에는 그 업계의 이익도 올라갑니다. 또 그 업계 사람들이 늘어난 월급으로 쇼핑을 하면…… 이런 식으로 경제가 풍요로워집니다. 이렇게 늘어나는 순환구조가 최초의 투자(이 경우에는 '자녀 수당' 지급)에 대한 곱셈(승수)처럼 늘어난다고 해서 승수효과라고 합니다.

예를 들어 정부가 맨 처음에 100억 엔을 지출했다고 합시다. 100억 엔 매상을 올린 업계에서 그 가운데 90퍼센트에 해당하는 90억 엔을 다시 지출했다고 합니다. 이 경우 소비로 돌리는 비율(소비성향)은 0.9입니다. 이후의 지출에서도 소비성향이 같다고 하면 맨 처음의 100억 엔은 세상 전체로 보면 다음과 같이 늘어납니다.

100+90+81+73+66+59……

결국 합계는 1,000억 엔으로 무한히 근접해갑니다. 이와 같은 계산식을 '무한등비급수의 합'이라고 배웠지요……. 슬슬 졸리기 시작합니까? 이 이야기는 여기까지만 합시다. 요컨대 최초의 100억 엔을 투자함으로써 사회 전체로는 1,000억 엔의 소득이 늘어난 것입니다.

정부지출이 몇 배나 효과를 낸다

경제활동을 민간에 맡기면 불황이 닥쳤을 때 각 기업은
모두 수비 자세를 취해 새로운 투자를 하려고 하지 않습
니다. 이 경우 경기는 계속 나빠질 뿐이지요. 이때 정부가
투자를 하면, 즉 재정지출을 하면 투자가 투자를 부르는
형태로 경제가 활성화됩니다. 이것이 승수효과입니다.
이 이론을 케인스는 매우 아이러니컬하게 다음과 같이 설
명했습니다.

지금 재무부가 낡은 병에 지폐를 가득 채워 폐광 속 적당히 깊은
곳에 묻어두고 그 구멍을 마을에서 나온 쓰레기로 지표면까지 덮
었다고 가정하자. 그리고 수많은 실전에서 갈고닦은 자유방임 원
리에 입각하고 있는 민간기업에게 지폐를 다시 파내게 했다고 하
자(물론 채굴권은 지폐 산출 구역의 임차권에 입찰하여 얻을 수
있다). 그러면 그 이상의 실업은 일어나지 않을 테고, 또 그 덕분
에 사회의 실질소득과 자본이라는 부는 분명 지금보다 매우 커질
것이다. 그야 물론 주택 따위를 건설하는 편이 더 이치에 맞다.

하지만 이런 수단에 정치적·현실적 어려움이 있다면 앞에서 이
야기한 대로 하는 편이 아무 일도 하지 않는 편보다는 그나마 나
을 것이다.(제10장)

예전에는 고대 이집트의 피라미드 건설이 왕의 사치를 위
한 비인간적인 노예노동이라고 생각했지만 오늘날 연구
에 따르면 농한기에 일할 곳을 확보하는 경기대책이었습
니다. 고대 이집트 왕은 케인스 이론을 실천했던 모양입
니다.

전쟁이 끝난 뒤 일본 경제가 발전한 것도 케인스 이론에
근거해서였습니다. 경기가 침체하면 정부는 공공사업을
늘립니다. 정부가 공공사업에 지출하면 시멘트나 철골 판
매가 늘고 건설회사의 이익이 올라가 새로운 고용이 창출
됩니다. 이렇게 하여 일본 경제는 발전했고 전국적인 인프
라 정비도 이루어졌습니다.

만일 정부가 충분한 돈을 갖고 있지 않다면 빚을 내서,
즉 국채를 발행해 자금을 조달합니다. 이렇게 정부지출
을 늘리면 경기가 좋아져 기업 이익이 올라가고 기업에서

받는 법인세가 늘어나 재정은 호전됩니다. 이렇게 늘어난 자금으로 국채를 갚으면 되었습니다.

소비성향을 높이려면

정부가 지출하게 되면서 최초의 지출은 몇 배로 늘어나고 경제는 활성화됩니다. 이와 동시에 소비성향도 높일 수 있다면 더욱 효율적으로 경제가 풍요로워집니다. 어떻게 하면 이것이 가능할까요?

소비성향이 높아진다는 것은 거꾸로 말하면 저축성향이 낮아진다는 뜻입니다. 부자는 다 쓰지 못할 만큼의 수입이 있으니까 저축도 많겠지요. 이래서는 경제가 활성화되지 않습니다. 그래서 정부가 누진과세를 도입합니다. 즉 소득이 늘어나면 늘어날수록 소득세 비율을 높입니다. 이렇게 부자들에게서 거두어들인 자금을 정부가 사회복지라는 형태로 가난한 사람들에게 나누어주면 사회 전체의 저축성향은 낮아지고 소비성향은 높아집니다.

우리 사회가 누진과세제도를 취하는 것은 이 이론에 근거
합니다. 누진과세로 사회가 평등에 가까워지면 경제활동
이 활성화됩니다.

사람들은 화폐를 손에서 놓지 않는다

그때까지 경제학에서는 화폐를 가치척도, 교환수단이라
고 생각했습니다. 상품가격을 계산하는 가치척도이자 마
음에 드는 상품을 사는 수단, 즉 교환수단 말입니다. 그
런데 케인스는 화폐에 또하나의 역할이 있다는 데 주목
했습니다. '축적수단'입니다. 화폐는 재산을 비축해둘 수
있는 수단입니다.

화폐에는 언제든지, 무엇으로든지 교환할 수 있는 '유동
성'이 있습니다. 토지나 건물을 사서 갖고 있어도 미래는
불확실합니다. 전쟁이 일어날 수도 있고 지진으로 건물이
무너질 수도 있습니다. 이때는 토지나 건물이 팔리지 않
습니다. 판다 하더라도 푼돈밖에 못 받을지도 모릅니다.

유동성이 적은 것입니다. 그래서 유동성이 있으면 안심하고 재산으로 갖고 있을 수 있습니다. 사람들은 이 유동성을 사랑하고 '화폐애(貨幣愛)'를 갖고 있습니다. 케인스는 이를 '유동성 선호'라 불렀습니다.

모두가 화폐를 비축해두고 지출하지 않으면 경제는 발전하지 않겠지요. 경제를 발전시키기 위해서는 투자가가 어떤 때에 투자를 하여 사업을 늘리는지를 알고 투자를 촉진시키는 정책을 펴야 합니다.

이윤율이 높으면 투자한다

케인스는 기업 경영자가 예상되는 이윤율이 이자율보다 높을 때 자금을 빌려서라도 투자를 하리라고 생각했습니다. 자금을 저축해서 받을 수 있는 이자보다 사업을 늘려서 얻을 수 있는 이익이 많다고 예측할 수 있다면 경영자는 투자를 할 것이라고요. 하지만 기업 경영자가 이윤율을 예상하기란 쉽지 않습니다. 경영자는 이윤율이 어느

정도인지를 어떻게 예상할까요? 이때 참고하는 것이 주식
시장 동향입니다.

주식거래의 프로는 각각의 업종이 갖는 장래성이나 기업
의 장래성을 조사해 유망한 기업의 주식을 삽니다. 그래
서 주가가 올라가면 주가가 올라간 업종이나 기업은 장래
의 이윤율 상승을 내다볼 수 있음을 의미합니다. 기업은
주식시장에서 새로운 주식을 팔아서 자금을 조달하므로
주식시장 동향에 늘 주의를 기울입니다. 주가가 올라가기
시작한다면 이는 이윤율이 이자율(금리)을 웃돌 가능성
이 높다는 사실을 보여줍니다. 기업 경영자는 이를 판단
근거로 삼아 새로운 투자를 합니다. 자사 주가가 올랐다
면 신규 주식 발행을 통한 자금 조달도 매우 쉽습니다.
케인스는 이와 같은 주식시장에서 전문가가 유망한 주식
을 발견하는 방법을 '미인대회'에 비유합니다.

전문가의 투자는 신문지상의 미인대회, 즉 참가자에게 사진 100
장 가운데 얼굴이 제일 아름다운 여섯 명을 고르라고 한 뒤 참가
자 전원의 평균적인 선호에 가장 가까운 선택을 한 사람에게 상

금을 주는 방식의 미인대회에 비유할 수 있을 것이다. 이런 대회에서 참가자는 각자가 가장 아름답다고 생각하는 얼굴을 고르는 것이 아니라 다른 참가자의 마음을 사로잡을 것 같은 얼굴을 선택해야 한다.(제12장)

미인대회라고 해도 우리가 평소 알고 있는 이미지와는 다르지요. 당시 영국에서는 대중지에서 이런 대회를 했다고 합니다.

이런 관점에서 전문가는 주식시장에서 주식거래를 하고 유망 업종이나 기업은 주가가 올라갑니다. "모두의 의견은 의외로 옳다"는 것입니다. 이렇게 기업 경영자가 이자율과 이윤율을 저울질하면서 신규 투자를 할지 여부를 생각한다면 인위적으로 이자율을 내려도 새로운 투자를 하기 쉬워지겠지요. 그래서 경기회복대책에서 금리를 내리는 정책이 생겨납니다.

금리의 오르내림으로 경기를 조절한다

잉글랜드 은행(영국의 중앙은행)이 민간은행이 보유하고 있는 국채나 증권 종류를 사들이면 세상에는 그만큼 새로운 화폐가 나옵니다. 돈이 넉넉해지면 돈의 가격인 금리는 떨어집니다. 이를 '공개시장조작'이라고 배웠지요. 즉 중앙은행이 이자율(금리)을 내림으로써 신규 투자를 창출할 수 있습니다. 지금의 중앙은행이 하는 금융정책으로 이어집니다.

케인스는 금리를 인위적으로 올리고 내림으로써 경기대책을 해야 한다고 합니다. 단, 인간에게는 '미래에 대한 불안'이 따라다닙니다. 아무리 금융을 완화해도 미래가 불안하면 아무도 소비나 투자를 하지 않습니다. 이를 케인스는 '유동성의 함정'이라 불렀습니다.

1990년대 중반부터 일본은 그야말로 '유동성의 함정'에 빠졌습니다. 경기대책을 위해 일본 은행이 제로 금리정책을 펴도 경기는 지지부진하며 회복되지 않았고 일본 경제는 디플레이션에 빠졌습니다. 케인스 이론이 일본에서 실제로 증명된 셈입니다.

지금까지 살펴보았듯이 케인스의 책은 이름 그대로 고용,

이자, 화폐에 관한 일반 이론에 대해 이야기하고 있습니다.

케네디 정권에 커다란 영향력

케인스는 1946년에 세상을 떠났습니다. 하지만 그가 남긴

이론은 그뒤에 큰 영향력을 갖게 됩니다. 그의 이론은 특

히 젊은 세대 경제학자들의 마음을 사로잡아 열렬한 신

봉자가 갑작스럽게 늘어납니다. 앞에서도 이야기했듯이

그들을 케인지언이라 불렀습니다.

하지만 케인지언의 이론은 독자적인 발전을 이룹니다. 아

무래도 케인스의 의견과는 다른 생각도 많아졌는지 케인

스가 미국에서 케인지언들을 만난 뒤 "오늘 모임에서 케인

지언이 아니었던 사람은 나뿐이었다"라고 말했다는 일화

가 있습니다. 일찍이 마르크스도 "나는 마르크스주의자가

아니다"라고 발언했던 적이 있습니다. 아무래도 카리스마

있는 학자는 아류를 많이 만들어내는 모양입니다.

그래도 케인스 경제학은 제2차세계대전 후의 주류 경제학으로 정착했습니다. 1960년 미국 대통령 선거에서 존 F. 케네디가 당선되자 대통령 경제자문위원회 최고 고문으로 케인스파 학자가 임명됩니다. 케네디 정권과 그 뒤를 이은 존슨 정권에서는 케인스파 학자가 중심이 되어 경제정책을 결정했습니다.

불황 극복으로

케인스 경제학을 바탕으로 한 경제정책을 선택함으로써 선진 자본주의 각국은 공황과는 인연이 멀어졌습니다. 경기가 주기적으로 변동하여 불황의 파도가 찾아오기는 하지만 케인스 이론에 근거한 불황대책 덕분에 심각한 상황에 빠지지 않고 넘어갈 수 있게 되었습니다.

일단 불황이 닥치면 실업자가 늘어나기 때문에 사회보장비 지출이 늘어나 사회의 수요를 만들어냅니다. 공공사업 등 재정지출을 늘려 새로운 수요도 만듭니다. 그 결과 재정적자는 생기지만 불황은 가볍게 지나가고 경기는 다시 회복됩니다. 한편, 경기가 회복되면 누진과세로 세수가 늘어나 재정적자가 해소됩니다. 재정이 흑자로 바뀝니다. 케인스 이론에 근거한 정치와 경제 시스템이 정비됨으로써 경기변동에 대한 '자동안정장치(built-in stabilizer)'가 만들어진 것입니다.

노동자를 대하는 기업의 태도도 바뀌었습니다. 과거의 고전 경제학에 따르면 기업의 이익을 늘리기 위해서는 노동자 임금을 깎는 것이 효과가 있었지만 케인스 이론에 따르면 이는 사회 전체의 수요를 감소시킵니다. 따라서 노동자가 임금 인상을 요구하면 기업은 이 요구를 어느 정도 받아들이게 됩니다. 이로 인해 수요가 확대되므로 상품가격을 올려도 소비자는 구매합니다. 기업이 상품가격에 전가하기 쉬워진 것입니다.

이 때문에 항상 물가 상승과 임금 인상이 이루어집니다. 즉 인플레이션 경향이 뿌리내립니다. 게다가 불황으로 재정지출을 늘린 뒤 경기가 회복되어도 정부가 재정지출을

줄이지 않기 때문에 만성적인 재성적자로 골치를 썩게 됩
니다. 이는 케인스의 '지성주의'가 불러온 재앙이라고도
할 수 있습니다.

정치가의 지성을 지나치게 믿었다?

존 M. 케인스는 1883년에 영국 케임브리지에서 태어났습
니다. 아버지도 저명한 경제학자로 케임브리지 대학에서
학생들을 가르쳤고, 어머니는 케임브리지 대학 최초의 여
학생이었습니다. 나중에는 케임브리지 시장이 되기도 했
습니다. 지식인 가정에서 자라 케인스가에 드나드는 사람
도 온통 지식인들이었습니다. 케인스도 엘리트 학생으로
자랍니다.

그 결과 케인스는 모르는 사이에 사람들의 지성을 신뢰하
고 정치가들이 지성에 근거하여 행동한다는 전제조건 아
래 모든 일을 생각하게 된 것 아니냐는 비판을 받게 됩니
다. 케인스의 집은 케임브리지의 한적한 주택가인 '하비

로드'에 있었기에 이런 '지성을 향한 신뢰'는 '하비 로드의 전제조건'이라는 야유를 받습니다.

하지만 실제 정치가들은 반드시 지성에 근거하여 행동하지 않습니다. 불황에서 탈출했다고 하여 "자, 재정을 졸라매서 적자를 해소하자"라고 생각하면 유권자나 경제계 지지자들의 반발을 삽니다. "경기에 찬물을 끼얹는 일은 하지 말게. 경기가 더 좋아지게 하면 될 것 아닌가"라는 압력을 받고 경기가 좋을 때도 공공사업 등의 재정지출을 계속합니다. 그 결과 재정적자는 해소되기 어려워졌습니다.

또한 '승수효과의 저하'도 나타납니다. 공공사업을 통해 처음에는 경기가 크게 회복되더라도 머지않아 그 효과는 희미해집니다. 공공사업을 맡는 건설회사가 늘어나면 새롭게 지출되는 정부 자금은 존재하는 건설회사를 존속시키는 정도의 효과밖에 내지 않습니다. 그뿐 아니라 새로운 도로를 건설하면 이전에는 주변에 새로운 쇼핑센터가 생기거나 새로운 거리가 만들어졌지만 점차 산속에 도로를 건설하게 되면서 도로가 생겨도 자동차 통행량이 적

을뿐더러 새로운 산업이 발전하지도 않습니다. 재정지출
이 점점 경기회복에 그다지 효과를 발휘하지 않게 되었습
니다.

케인스는 '죽었다', 하지만 '되살아났다'?

전후의 자본주의 경제는 케인스의 처방전 덕분에 심각한
공황에 빠지지 않았고 불황도 가볍게 넘길 수 있었습니
다. 하지만 늘 만능인 경제이론은 존재하지 않습니다. 이
윽고 케인스의 처방전이 널리 쓰이지 않거나 부작용이 심
각해지는 사태도 일어납니다.

만성적인 인플레이션과 재정적자가 심해지면 큰 정부가
탄생해 민간기업이나 시장에 개입을 합니다. 경제의 장기
적인 정체가 이어집니다. 이런 경제상태를 가리켜 "케인스
는 죽었다"라고 하는 주장이 힘을 얻기 시작합니다. '신자
유주의'라 불리는 한 무리의 경제학자가 커다란 영향력을
갖게 되었습니다.

케인스가 비판한 "경제는 민간의 시장경제에 맡겨야지 정부가 개입해서는 안 된다"라는 '고전파'의 현대판 이론이 큰 힘을 갖기 시작합니다. 그 결과 미국에서는 잇따라 규제가 철폐됩니다. 1929년 이래의 세계공황을 교훈으로 태어난 규제가 철폐되고 '자유방임경제'가 찬미를 받았습니다. 이렇게 도를 넘은 돈벌이주의가 2008년의 거대 투자은행 리먼 브라더스의 경영 파탄으로 귀결됩니다.

결국은 세계 각국에서 정부가 경기대책에 나서 재정지출을 늘립니다. '케인스가 되살아난' 것입니다. 또한 달러 하락으로 국제통화제도의 위기를 말하는 목소리가 높아지자 여기서도 케인스의 선견지명이 재평가를 받았습니다. 케인스는 전후의 국제통화제도가 달러를 기축으로 하는 데 반대했기 때문입니다.

아직 제2차세계대전중이던 1944년, 미국의 브레턴우즈에서 세계대전 이후의 국제통화제도에 관한 회의가 열렸습니다. 이때 미국은 세계의 논이 될 기축통화를 달러로 하자고 주장합니다. 영국 정부 대표였던 케인스는 여기에 강하게 반대합니다. 달러뿐 아니라 금이나 그 밖의 상품가격에 연동하는 '방코르(bancor)'라는 새로운 국제통화를 주장하는 등 더 균형잡힌 국제통화제도를 확립하자고 주장했습니다. 하지만 전쟁으로 피폐해진 영국 경제와 전쟁터가 되는 일 없이 경제가 발전하고 있던 미국 경제의 저력 차이가 반영되어 케인스의 안은 패배합니다. 그리하여 전후의 '브레턴우즈 체제'가 만들어졌습니다. 하지만 요즘 달러의 가치가 떨어지면서 국제통화제도가 동요하여 이에 대한 재검토가 시작되는 가운데 케인스의 안도 재평가를 받고 있습니다. 여기서도 '케인스는 되살아난' 것입니다.

그렇기는 해도 리먼 쇼크 이후 각국이 재정지출을 늘리면서 그리스, 아일랜드, 포르투갈 등 유럽 각국의 재정상태는 위기 상황으로 치달았습니다. 케인스 경제학이라는 처방전의 부작용이 다시 문제가 되고 있습니다.

출전

ケインズ著, 間宮陽介訳『雇用, 利子および貨幣の一般理論　上, 下』(岩波文庫); 조순 옮김, 『고용, 이자 및 화폐의 일반 이론 개역판』, 비봉출판사, 2007.

참고문헌

伊東光晴『ケインズ—"新しい経済学"の誕生』(岩波新書); 김경미 옮김, 『존 케인즈 : '새로운 경제학'의 탄생』, 소화, 2004.

제 **10** 장 자본주의와 자유

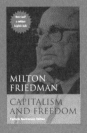

Capitalism and Freedom

밀턴 프리드먼

초판 1962년 미국

밀턴 프리드먼(1912~2006)

정부가 할 일은
개인의 자유를
국외의 적이나
같은 국민의 침해로부터
지키는 것에
한해야 한다.

이단에서 상식이 된 '자유지상주의'

고이즈미 준이치로(小泉純一郎) 총리 시절에 다케나카 헤이
조(竹中平蔵) 경제재정정책 담당 장관과 함께 추진한 개혁
은 '신자유주의' 노선이라고도 불립니다. 미국의 부시 정
권도 이 노선을 채택했습니다. 여러 가지 규제를 없애고
국영·공영 기업을 민영화하자는 방침입니다.

고이즈미 총리는 국민들의 높은 지지를 받으며 총리에서
퇴임했지만 그뒤 이 노선은 경제 격차를 확대했다는 비판
을 받고 있습니다. 그런데 경제 격차가 확대된 이유는 고
이즈미·다케나카 노선에 원인이 있어서가 아니라 원래부
터 불황이었기 때문이라거나 사회의 고령화에 따른 고령
층의 격차 확대를 반영한 것이라는 등의 다양한 논의가
있습니다.

사실 신자유주의 노선은 고이즈미 총리 이전인 하시모토
류타로(橋本龍太郎) 총리 시절부터 시작되있습니다. 이 신
자유주의 사상을 경제학에서 확립한 사람이 미국의 경제
학자 밀턴 프리드먼이었습니다. 그의 대표작『자본주의와

자유』는 신자유주의자들의 성서와 다름없습니다.

그의 책으로 세계 경제는 크게 변했습니다. 그야말로 '세계를 바꾼 책'입니다. 도대체 어떤 내용일까요? 마지막 장에서는 이 책을 살펴보겠습니다.

자유지상주의

프리드먼의 사상은 '자유지상주의(libertarianism)'라 불립니다. 이 사상을 주장하는 사람을 자유지상주의자(libertarian)라고 합니다. 자유지상주의의 이념을 한마디로 표현하면 '남에게 피해를 주지 않는 한 성인이 하고 싶은 일을 할 수 있는 사회'를 지향한다고 할 수 있습니다. 이렇게 말이지요. 다른 사람에게 위해를 주지 않는 한 무슨 일을 하든 자유로운 사회야말로 바람직하다. 마약도 합법화하면 지하사회의 돈벌이 수단이 사라져 범죄가 줄어들 것이다. 연금제도 같은 사회보장정책은 정부보다는 민간기업에게 맡기는 편이 더 효율적이다.

정부를 믿지 않고 민간기업의 활력에 절대적인 신뢰를 두
는 경제학자, 그가 프리드먼입니다.

1962년에 나온 『자본주의와 자유』를 당시 미국 학계에서
는 극단적인 주장이라고 무시했습니다. 그의 학설을 지지
하는 사람은 거의 없었지만 그뒤 미국뿐 아니라 영국 등
여러 곳에서 지지자가 늘어났습니다. 사회주의 붕괴 이후
구소련이나 동유럽 각국에서는 자본주의화의 지침이 될
정도로 영향력을 갖게 되었습니다.

『자본주의와 자유』는 1956년에 미국 각지의 대학에서 한
강의를 바탕으로 정리한 책입니다.

프리드먼과 시카고학파

밀턴 프리드먼은 1912년에 미국 뉴욕에서 태어났습니다.
부모님은 헝가리에서 온 유대인 이민자였습니다. 부모님
모두 독립적이어서 남에게 의지하지 않고 인생을 개척해
왔습니다. 프리드먼은 이런 부모님의 삶에서 큰 영향을

받았습니다. 어린 시절 프리드먼은 열성적인 유대교도였
지만 유대교의 가르침이 합리적이지 않다며 열세 살 무렵
에 유대교도이기를 그만두었습니다. 그는 늘 합리성을 추
구했습니다.

프리드먼은 젊은 시절부터 성적이 뛰어나 고등학교에서는
월반을 하고 열여섯 살에 러트거스 대학에 입학했습니다.
동급생들보다 두 살이나 어렸습니다. 시카고 대학 대학원
에 들어가 1948년에는 시카고 대학 교수로 임용됩니다.
그뒤 '시카고학파'라 불리는 '자유주의' 경제학파를 형성
하고 지도적인 입장에 섭니다.

역대 공화당 대통령의 지낭(智囊)

시카고학파는 시장경제의 효율성에 신뢰를 두고 정부의
경제 개입을 의문시하는 점이 특징입니다. 프리드먼은 공
화당 보수파 논객으로도 유명한데, 1964년 미국 대통령
선거에서는 엄청난 보수파로 알려진 공화당 배리 골드워

터의 경제 담당 주임 고문을 맡았습니다. 결과는 민주당 존슨 대통령에게 참패했지요.

그뒤 닉슨 대통령과 레이건 대통령에게도 경제정책에 관한 의견을 내놓았습니다. 그뿐 아니라 영국의 '철의 여인' 대처 총리에게도 커다란 영향을 미쳐 국유기업 민영화 같은 개혁에 나서는 이론적인 근거를 제공합니다.

프리드먼은 1962년에 낸 『자본주의와 자유』에서 국제통화 제도에 대해 세계통화의 교환 비율을 미국 달러에 고정한 '고정환율제'를 수요와 공급 관계에 따라 환율이 변동하는 '변동환율제'로 고치자고 주장했습니다. 당시에는 이상한 제안이라며 기이하다는 시선을 받았지만 머지않아 1971년 닉슨 대통령 때 변동환율제가 실현됩니다. 지금 환율은 매일 변동합니다. 이를 주장한 사람이 프리드먼이었습니다. 그의 선견지명이 놀랍습니다.

또한 프리드먼은 소득세의 최고 세율 인하를 주장해 민주당 가디 정권 때에는 최고 세율을 70퍼센트에서 25퍼센트로 낮추자고 제안합니다. 민주당 정권은 무시했지만 공화당 레이건 정권으로 바뀌고 나서 28퍼센트로 인하했

습니다. 하지만 당시에는 '부자 우대'로 경제 격차를 확대
했다는 비판을 받았습니다.

작은 정부와 개인의 자유를 중시

『자본주의와 자유』는 제러미 벤담, 존 스튜어트 밀 등의
공리주의 사상의 영향을 받았습니다. 프리드먼은 여러 측
면에서 '작은 정부'를 추구했고 개인의 자유에서 가장 큰
가치를 발견했습니다.

정부는 개인의 자유를 지키기 위해 필요한 도구이고 정부가 있기
때문에 개인은 자유를 행사할 수 있지만, 그래도 역시 권력이 정
부에 집중되면 자유에 대한 위협이 될 수 있다. 권력을 쥔 자가
처음에는 좋은 의도를 갖고 있었다 해도, 또 권력에 동반되는 부
패를 면했다 해도 권력은 좋지 않은 의도를 낳기 쉬울뿐더러 자
석처럼 악한 의도를 가진 무리를 끌어들인다.(14쪽)

정부는 제대로 된 일을 하지 않으므로 신용할 수 없다, 그보다는 개인의 자유를 지키자라는 것이 프리드먼의 사상입니다.

프리드먼은 정부가 국민의 자유를 침해하지 않게 하기 위한 두 가지 기본 원칙이 미국 헌법에 새겨져 있다고 지적하며 지켜야 할 두 가지 기본 원칙을 다음과 같이 설명합니다.

첫번째 원칙은 정부의 역할에 제한을 두어야 한다는 것이다. 정부가 할 일은 개인의 자유를 국외의 적이나 같은 국민의 침해로부터 지키는 것에 한해야 한다.

두번째 원칙은 정부의 권력이 분산되어야 한다는 것이다. 정부가 권력을 행사하지 않을 수 없을 때에는 연방보다는 주, 주보다는 군이나 시에서 행사하는 것이 바람직하다. 자신이 사는 동네의 방식이 마음에 들지 않을 때에는 그것이 하수처리 문제든 구획정리 문제든 학교제도든 재빨리 다른 마을로 이사하면 된다. 그렇게까지 하는 사람이 좀처럼 없다 하더라도 그럴 가능성이 있는

것만으로도 권력 남용을 억제하는 효과가 있다.(15쪽)

정부는 안전보장이나 치안 유지 같은 역할만 하면 그만이
고 그 이상의 일은 최대한 하지 말아야 한다는, 그야말로
'야경국가'를 이상으로 여깁니다. 단, 정부를 전면 부정하
지는 않습니다. 경제 측면에서 '자유로운 시장'이 있다면
정부의 존재가 없어도 대개의 일은 실현할 수 있지만 그
래도 정부가 필요하지 않다는 것은 아니라고 말합니다.

자유시장이 존재한다고 해서 결코 정부가 필요 없는 것은 아니
다. 그렇기는커녕 '게임의 규칙'을 정하는 논의 공간으로, 또 정
해진 규칙을 해석하고 시행하는 심판 역할로 정부는 필수적이다.
다만 시장은 정치 공간에서 정해야 하는 일을 대폭 줄이고 정부
가 직접 게임에 참가하는 범위를 최소한으로 억제하는 역할을 담
당한다.(30쪽)

정부는 필요하지만 경제활동에서 주인공이 되어서는 안
됩니다. 조연 내지는 심판에 매진해야 한다는 주장입니다.

"자유로운 시장은 언론의 자유도 지킨다"

프리드먼에 따르면 자유로운 시장만 있으면 언론의 자유
도 지킬 수 있다는 논리가 됩니다. 예를 들면 다음과 같
은 일화입니다.

1947년 미국에서는 '레드 퍼지(red purge)'의 폭풍이 불어닥
쳤습니다. 동서 냉전이 심해지는 가운데 조금이라도 '공산
주의와 관계있다'고 의심을 받은 많은 사람이 자신의 자리
에서 쫓겨났습니다. 영화의 고장 할리우드도 예외가 아니
었습니다. 150명의 작가가 블랙리스트에 올라 일자리를 빼
앗겼습니다. 그런데 1957년에 아카데미상 '각본상'을 받은
각본가가 사실은 필명을 썼음이 밝혀집니다. 블랙리스트
에 오른 각본가가 필명으로 영화 시나리오를 쓴 것입니다.
프리드먼은 이 일화에서 '자유로운 시장'의 중요성을 교
훈으로 이끌어냅니다. 우수한 작가는 필명으로 활동하면
서 좋은 작품을 쓸 수 있었으므로 영화계가 받아들였다
는 것입니다. 누가 썼더라도 각본이 좋으면 팔리는 '자유
로운 시장'이 있을 경우 팔리는 작품을 쓸 수 있는 작가

는 생활할 수 있다고 말입니다.

이처럼 프리드먼은 자유시장이 사상의 자유를 보장한다
고 주장합니다.

이를테면 빵을 사는 사람은 밀을 재배한 사람이 공산당원인지 공
화당원인지, 민주주의자인지 파시스트인지는 신경쓰지 않는다.
빵에 관해서라면 흑인인지 백인인지도 마음에 두지 않을 것이다.
이런 사실을 통해 인격이 없는 시장은 경제활동을 정치적 의견에
서 분리한다는 것, 그리고 경제활동에서 정치적 의견이나 피부색
등 생산성과는 아무 상관 없는 이유로 인한 차별을 배제한다는
것을 알 수 있다.

지금 든 예에서 알 수 있듯이 현재 사회에서 경쟁적인 자본주의
가 유지되고 강화될 때 가장 덕을 보는 것은 흑인, 유대인, 외국
인 등 소수집단이다. 이런 소수집단은 다수집단으로부터 의혹의
시선을 받거나 증오의 대상이 되기 쉽다. 그런데도 참으로 역설
적인 현상인데, 자유주의를 적대시하는 사회주의자나 공산주의
자 가운데에는 이런 소수집단에 속하는 사람들이 눈에 띄게 많
다. 그들은 시장의 존재가 다수집단의 위압적인 경향에서 스스로

를 보호해준다는 사실을 인정하지 않고 지금도 여전히 남아 있는 차별은 시장 탓이라고 착각한다.(37~38쪽)

시장경제 지상주의는 격차를 확대한다는 비판을 받지만 자유로운 시장이 있으면 차별은 점점 줄어들 것이라고 주장합니다.

'이런 것은 필요 없는 열네 가지'

프리드먼은 그의 주장을 일반에게 이해시키기 위해 충격요법을 준비했습니다. 당시 미국에서 정부가 하던 사업 가운데 '정부가 할 이유는 없다'고 생각한 사업 열네 가지를 열거한 것입니다. 이는 대부분 정부가 당연히 할 일이라고 여겨지던 것들입니다. 하지만 프리드먼은 그렇지 않다고 주장합니다. 게다가 이것은 극히 일부에 지나지 않는다고 합니다.

그 열네 가지를 살펴보겠습니다.

1 농산물 매입 보증가격제도

2 수입 관세 또는 수출 제한

3 농작물 작부제한 등

4 집세 통제, 물가·임금 통제

5 최저임금제나 가격 상한 통제

6 은행에 대한 세부적 규제 등

7 라디오와 텔레비전에 대한 규제

8 현행 사회보장제도

9 사업과 직업에 관한 면허제도

10 공영주택, 주택 건설 보조금

11 평상시의 징병제

12 국립공원

13 영리 목적 우편사업 금지

14 공영 유료도로(55~56쪽)

어떻습니까? "라디오와 텔레비전에 대한 규제", "평상시의
징병제"는 필요 없다는 주장은 이해할 수 있다 해도 그
밖의 항목에는 적잖이 놀라지 않았습니까?

"농산물 매입 보증가격제도." 농산물의 가격이 싸지 않아 팔리지 않는 상태가 계속될 경우 경영이 유지되지 않는 농가가 생깁니다. 이런 농가를 구제하는 것이 매입 보증가격제도입니다.

하지만 그래서는 가난한 농가도 구제받지 못하고 소비자는 이중으로 손해를 입는다고 프리드먼은 말합니다. 농산물을 대량으로 출하하는 농가는 매입가격이 보증되어 있기 때문에 돈을 벌 수 있지만 가난한 농가는 원래 출하량이 적기 때문에 얻을 수 있는 수입이 적다는 것입니다. 한편, 소비자들은 그들이 낸 세금이 농산물을 사들이는 데 쓰일 뿐 아니라 비싼 농산물을 살 수밖에 없게 된다는 것입니다.

"집세 통제." 이것은 임대주택에 사는 사람들의 부담을 덜어주자는 생각에서 비롯된 통제입니다. 그런데 집세를 자유롭게 인상할 수 없게 되면 집주인은 주택의 질을 높이려고도, 신규로 임대주택을 건설하려고도 하지 않기 때문에 질 낮은 임대주택이 늘어납니다. 집세를 내는 사람에게도 부정적인 영향을 줍니다.

"최저임금제." 노동자의 임금 하락을 막는 것이 목적입니다. 하지만 저임금노동에 의지해온 중소기업은 임금 인상에 대응하지 못해 노동자를 줄이거나 사업을 접기로 결정하기 때문에 오히려 노동자의 실업률이 높아집니다.

"사회보장제도." 소득의 일부를 정부가 운용하는 연금 적립금에 충당하도록 법률로 강제하면 개인이 소득을 자유롭게 쓸 권리를 빼앗깁니다.

"직업에 관한 면허제도." 주법으로 사전에 면허를 받아야 특정한 직업을 가질 수 있는 미국 시민은 기본적인 자유를 빼앗기고 있습니다.

프리드먼은 의사 면허도 필요 없을지 모른다고 문제를 제기합니다.

면허제도가 진입을 제한하는 최대 무기로 쓰이고 있다는 점, 이것이 사회에 무거운 비용 부담을 강제하고 있다는 점은 분명하다. 의사가 되고 싶은데 될 수 없는 사람이 있고 받고 싶은 서비스를 제공받지 못한 채 의료를 박탈당하는 시민이 있다. ……

무자격자의 의료 행위를 법률로 금지한 결과 캐딜락 수준의 전문

의는 아니어도 충분히 수행할 수 있는 많은 행위가 면허를 가진
의사에 한정되고 있다. …… 이렇게 되면 다른 사람도 문제없이
수행할 수 있는 '의료 행위'에 정규 의사가 꽤 많은 시간을 할애
하게 되고 그 결과 필연적으로 본래 의료 행위에 써야 할 시간은
대폭 줄어든다. ……

부정이나 과실로 타인을 상처 입힌 경우에는 법적 책임과 배상
책임을 묻는 것을 조건으로 누구나 자유롭게 의료 행위를 할 수
있게 하자. 그러면 의료의 발달은 지금과는 전혀 달라질 것이
다.(191~195쪽)

"영리 목적 우편사업 금지." 미국에서는 민간기업의 우편
사업을 금지하고 있어 우편사업은 국영입니다. 프리드먼
은 이를 이상하다고 주장합니다.

우편사업을 정부가 독점하고 있기 때문에 서비스가 나쁘
지만 누구라도 자유롭게 할 수 있게 하면 서비스가 개선
되리라는 주장입니다. 고이즈미 정권 시절의 우편사업 민
영화가 떠오릅니다. 프리드먼은 이미 1962년에 펴낸 책에
서 이런 주장을 했습니다.

시장경제는 불안정한가

그때까지 일반적인 경제이론에서는 시장경제는 본래 불안정하다고 생각했습니다. 기업이 자유로운 행동을 하기 때문에 경제는 호황과 불황을 반복해왔다고 했습니다. 시장을 자유로운 기업활동에 맡겨두면 공황을 일으키거나 불황을 오래 끌기 때문에 정부가 개입해야 한다는 것입니다. 특히 케인스 이론에 근거하여 각국 정부는 경제에 개입해왔습니다.

프리드먼은 이에 정면으로 반대합니다. 경제 혼란은 자유로운 시장이 원인이 아니라 정부의 경제 운영 실패 때문에 발생했다는 것입니다. 그러니 정부는 시장경제에 마음대로 개입하는 것을 그만두고 시장에 나도는 통화량을 안정시키기만 하면 된다고 주장합니다.

1929년에 뉴욕 증권거래소에서 주가가 폭락하여 이후 심각한 세계공황으로 이어졌습니다. 케인스는 민간기업의 수요가 부족하기 때문에 경기가 악화되었다고 여겨 정부가 적극적으로 지출을 늘려 세상의 수요를 높일 필요가 있다고 생각했습니다.

그런데 프리드먼의 분석은 다릅니다. 주가 폭락 후에 미국의 중앙은행인 FRB(연방준비제도이사회)가 주가 폭등·폭락은 투기 때문이라며 금융을 단단히 옭아매어 경기가 나빠졌다고 분석합니다. 세계공황은 불안정한 시장 때문이 아니라 중앙은행의 정책 실패로 일어났다는 것입니다.

(중앙은행과 같은—인용자주) 극소수의 인간들에게 너무나 큰 권한과 재량을 주고 그 실패가 설혹 당연한 실패라고 할지언정 그 정도로 중대한 결과를 일으킬 가능성이 있다면 이것은 나쁜 제도다.(72쪽)

그래서 프리드먼은 중앙은행의 금융정책에 대한 규칙을 만들어 중앙은행이 마음대로 할 수 없게 해야 한다고 합니다. 세상에 돌아다니는 돈이나 은행 예금액의 합계인 '통화공급량'을 매년 3퍼센트에서 5퍼센트 정도 완만하게 늘어나게 하는 규칙을 만들면 된다고 말합니다.

무엇보다 먼저 통화공급량에 규칙을 도입하여 금융 당국의 재량
권을 제한하는 편이 훨씬 더 중요하다.(76~77쪽)

경기대책으로는 통화의 공급을 중시

이처럼 프리드먼은 경기대책으로 세상에 나도는 통화
량을 조절하는 것이 중요하다고 생각했습니다. 통화량
이 적으면 경제활동에 필요한 돈의 양이 부족하여 경제
활동이 정체됩니다. 경제활동에 필요한 돈을 중앙은행
이 신속히 공급하면 경기는 안정됩니다. 이를 '통화주의
(monetarism)'라 하고 이런 생각을 가진 이론가를 '통화주
의자(monetarist)라 부릅니다. 프리드먼은 사상가로서는
자유지상주의자이고 경제학자로서는 통화주의자입니다.
프리드먼은 "인플레이션이란 언제 어떤 경우에도 화폐적
인 현상이다"라고 합니다. 화폐적인 현상, 즉 세상에 나도
는 돈의 양이 너무 늘어나면 인플레이션이 일어난다는 말
입니다. 돈의 양을 적절히 조절하면 인플레이션을 막을

수 있다는 견해입니다.

그는 케인스식 경기대책에도 반대했습니다. 케인스나 케인스파 경제학자는 정부가 국민에게 빚을 내어, 즉 국채를 발행하여 공공사업 등에 재정지출을 하면 경기대책이 된다고 생각했습니다. 그런데 프리드먼은 나라에 돈을 빌려준 측, 즉 국채를 산 민간이 그만큼 지출을 줄이므로 결국에는 경기대책이 되지 않는다고 주장합니다.

케인스가 정부의 역할인 재정정책에 중점을 둔 데 반해 프리드먼은 중앙은행의 역할, 즉 금융정책을 중시했습니다.

'변동환율제'를 주장했다

제2차세계대전 후의 국제통화제도는 세계의 돈과 미국 달러 사이의 교환 비율을 고정했습니다. 달러가 '세계의 돈'이 되어 어느 나라든 각각의 환율로 달러와 교환할 수 있었습니다. 일본의 엔과 달러의 환율은 1달러가 360엔이었습니다. 또 미국 달러는 금과의 교환 비율이 고정되어 있

었습니다. 1온스=35달러. 즉 외국 정부가 35달러를 미국에
주면 미국은 1온스(약 31그램)의 금을 내주어야 했습니다.
환율이 고정되어 있었던 덕분에 전후의 국제무역은 발전
했습니다. 하지만 머지않아 미국은 항구적인 무역 적자에
시달리게 됩니다. 수입액이 수출액을 넘어섰기 때문입니
다. 그러자 미국이 지불한 달러가 세계에 뿌려집니다. 외
국 정부가 달러를 미국에 가져오면 미국은 수중에 있는
금을 건네주어야만 합니다. 그리하여 미국이 갖고 있던
금의 양은 갑자기 줄어듭니다. 만일 금이 없어진다면 미
국 달러의 권위는 떨어집니다.

프리드먼은 일찍부터 이 위험성을 깨닫고 환율이 고정되
어 있지 않고 시장에서 자유롭게 정해지는 '변동환율제'
를 주장했습니다. 국제무역이라는 장에서 인간은 어떤 사
태가 일어날지 예측할 수 없습니다. 그러므로 자유롭게
변동하는 구조로 해두자는 것입니다.

언제 어떤 변화가 일어날지 예측 불가능하기 때문에 자유시장이
바람직하다. 중요한 것은 **어떤 때 어느 나라에서 발생한 국제수**

지의 불균형을 해결하는 일이 아니다. **불균형이 발생하는 것 자체**를 해결하는 일이다. 이를 위해서는 자유시장이 기능하여 국제무역에 영향을 주는 변화에 즉각 자동적으로 반응해 효과를 낼 수 있는 메커니즘을 채택해야 한다.(90쪽)

프리드먼이 맨 처음 변동환율제를 주장한 때는 1950년. 이제는 전 세계 사람들이 이 제도를 당연하게 받아들이고 정부가 변동 폭을 조절하는 중국을 세계 각국이 비난하고 있습니다. 당시에는 '이단 경제학자'였던 프리드먼의 주장이 지금은 상식이 되었습니다.

'학교 선택의 자유'를 제언

2006년 10월 당시 아베 내각 아래에서 발족한 교육재생회의의 논의에서 '교육 바우처'라는 제도가 제안되었습니다. 이 '교육 바우처'라는 말을 처음 주장한 사람도 프리드먼이었습니다. 그의 제안은 이렇습니다.

미국의 공립학교 교육은 비효율적이고 질이 나쁘다. 공립
학교가 교육을 독점하고 있기 때문이다. 교육의 질을 높
이려면 관리 강화보다는 시장 메커니즘을 도입해야 한다.
바우처(voucher)란 쿠폰을 말합니다. 학교에 다니는 연령
대의 자녀가 있는 가정에 바우처(쿠폰)를 나누어주고 가
정에서는 다닐 학교를 자유롭게 선택합니다. 그리고 나서
선택한 학교에 쿠폰을 건네면 학교는 이 쿠폰을 정부나
지자체에 주고 자금을 얻는 시스템입니다. 쿠폰 대금으로
는 공립학교의 평균적인 비용을 상정합니다.

미국의 경우 공립학교는 그 학교의 교육구에 사는 주민에
게서 거두어들인 세금으로 운영됩니다. 저소득층이 많은
지역에서는 교육구에서 받는 자금이 적기 때문에 교육
내용이 빈약한 공립학교가 많아집니다. 가난한 가정에서
는 우수한 자녀가 있어도 교육 수준이 높은 학교에 보내
려면 이사를 할 수밖에 없습니다.

이때 교육 바우처로 학교 선택의 자유가 넓어지면 높은
수준의 교육을 받게 할 수 있다는 제도입니다. 부모가 좋
아할 만한 교육을 하는 학교에는 많은 교육 바우처가 지

불되므로 예산이 넉넉해져서 교원 급여를 인상해 우수한 교사를 채용할 수 있게 됩니다. 학교 간, 교사 간의 경쟁이 촉진되어 교육 수준이 향상됩니다.

자녀를 사립학교에 보낼 수 있는 부모는 공립학교 운영을 위한 세금을 납부하면서 사립학교 수업료를 내는 이중 지불을 하고 있지만 교육 바우처가 있으면 이런 모순은 해결됩니다. 이것이 프리드먼의 제안이었습니다. 단 이것은 미국의 경우입니다. 일본은 사립학교에도 세금에서 사학 조성금을 지불하기 때문에 완전한 이중 지불은 아닙니다.

정부가 학교 운영에서 손을 떼면 부모가 선택할 수 있는 폭은 넓어질 것이다. …… 만일 지금 정부가 투자하는 학교 교육 예산을 학교가 아니라 부모가 이용할 수 있게 하고 어떤 학교에 보내도 상관없게 하면 수요에 응답하기 위해 다양한 학교가 등장할 것이다. 부모는 지금 보내는 학교에서 다른 학교로 자녀를 전학시킴으로써 당당하게 학교 선택에 관한 의사표시를 할 수 있다. …… 교육 분야도 다른 분야와 마찬가지로 영리를 목적으로 하는 기업이 국영기업이나 비영리 목적 기업보다 소비자의 수요에 훨씬 더

효율적으로 응답할 수 있을 것이다.(118쪽)

고이즈미·아베 내각 이후 정계에서는 프리드먼의 제안을 검토하게 되었습니다. 교육계에서는 "교육에 시장 원리를 도입하는 것. 교육이 돈벌이주의에 희생된다"라는 비판이 뿌리깊게 존재합니다. 그래도 1998년부터 일본에서도 시작된 '학교 선택제'는 전국에 확대되었습니다. 공립학교에서도 "학교를 자유롭게 선택하고 싶다"라는 부모의 의향을 참작한 개혁이 추진되고 있습니다(한국은 고교 평준화를 위해 서울시에서 2009년에 처음 도입하여 고등학교 선택제를 실시하고 있다―옮긴이). 여기에도 프리드먼의 그림자가 있습니다.

'기업 경영자의 사명'은 돈벌이

프리드먼의 사상은 철저합니다. 처음 들으면 "배려심이라고는 눈곱만큼도 없는 참 비인간적인 발상"이라고 놀랄

만한 내용도 세간의 상식을 개의치 않고 주장합니다. "기업 경영자는 사회적인 책임 따위를 생각해서는 안 된다"라는 주장도 그 가운데 하나이겠지요.

기업 경영자의 사명은 주주의 이익을 최대화하는 것이고 그 밖의 사회적 책임을 떠맡는 경향이 강해지는 것만큼 자유사회에 위험한 일은 없다. 이는 자유사회의 토대를 뿌리째 흔드는 현상이며 사회적 책임은 자유를 파괴한다. 주주의 이익을 최대화하는 것 이외의 사회적 책임이 만일 경영자에게 있다면 이는 무엇인가? 한 기업의 일개 경영자가 무엇이 사회의 이익이 될지를 정할 수 있을까? 또한 사회의 이익에 공헌하기 위해서라면 회사나 주주는 어느 정도의 부담을 떠맡아야 한다고 말할 수 있을까?(167~168쪽)

기업은 주주의 도구이며 기업의 최종 소유자는 주주다. 혹여 기업이 기부를 한다면 이 행위는 주주가 자신의 자금을 어디에 쓸지를 결정할 자유를 빼앗게 된다.(169쪽)

이는 기업은 제멋대로 행동하지 말라, 기부할 돈이 있으면 그 용도는 소유주인 주주의 판단에 맡겨라, 주주에 대한 배당으로 돌려서 주주가 기부하면 된다는 이야기입니다. 프리드먼이 얼마나 철저한지 잘 알 수 있습니다.

'누진과세는 효과가 없다'

소득이 올라가면 세율도 올라갑니다. 이것이 '누진과세'입니다. 소득 격차를 바로잡기 위해 일본을 포함한 세계 대부분의 나라에서 상식으로 받아들이는 세제입니다. 프리드먼은 여기에도 반대했습니다.

케인스 이론에서는 누진과세를 통해 저축하는 경향이 높은 고소득자에게서 자금을 거두어들여 이를 저소득자에게 사회복지 형태로 건네면, 저축률이 낮은 저소득자는 소비하기 때문에 사회 전체의 소비가 확대되어 경기대책으로 기능한다고 생각합니다.

하지만 프리드먼은 이렇게 생각합니다. 누진과세에서는

매해의 소득에 세금이 부과되므로 이미 재산을 갖고 있는 유복한 사람과는 아무 상관 없습니다. 따라서 누진과세는 매해의 소득에 부과되므로 '앞으로 부를 쌓을 사람'에게 큰 부담이 됩니다. 경제는 '앞으로 부를 쌓을 사람'이 많이 있어야 활성화되고 발전합니다. 즉 누진과세는 경제 발전에 찬물을 끼얹습니다. 또 소득 재분배라는 누진과세의 역할에 대해서는 "강권을 써서 A에게서 박탈해 B에게 주는 노골적인 예로 개인의 자유에 정면으로 위배된다"라고 합니다.

프리드먼은 누진과세 대신 '일률과세'를 주장합니다.

개인소득세로서 가장 바람직한 것은 기초공제를 웃도는 소득에 대한 일률과세의 적용이다. …… 법인세는 폐지한다. 기업소득은 주주의 것이며 주주는 이를 납세 신고에 포함해야만 한다.(214쪽)

누진과세일 경우 돈을 벌면 벌수록 내야 할 세액도 늘어나기 때문에 노동 의욕이 꺾입니다. 세제를 단순화함으로써 절세나 탈세를 막을 수 있고 세수는 오히려 늘어납니다. 이것이 프리드먼의 주장입니다. 또한 기업의 법인세를 철폐하라는 것도 과격한 주장입니다. 기업이 세금을 납부하는 것이 아니라 주주에게 배당으로 돈을 주면 주주가 자기 소득에서 세금으로 내라는 이야기입니다.

'국영 연금사업에 반대한다'

이만큼 과격한 주장은 연금제도에도 미칩니다. 프리드먼은 나라가 운영하는 연금사업에 반대합니다.

(연금을 통한 소득 재분배는―인용자주) 주로 젊은 가입자에게서 나이가 든 가입자에게 분배하는 형태로 이루어진다. 현재의 고령자는 납부액 이상의 연금을 받고 있고 이런 상황은 당분간 계속될 것 같다. 한편, 현행 제도에서는 지금 젊은 가입자가 고령에 이르렀을 때에 받는 연금은 명백히 적다.
이런 재분배를 무슨 근거로 옹호할 수 있을까? ……
연금 업무가 너무나도 전문적이고 운영도 전문가에게 거의 일임

하다시피 하기 때문에 사회보장국 같은 정부 기관을 의회가 똑똑
히 감시하기란 우선 불가능하다.(225, 228~229쪽)

어느 나라 이야기인가 싶지 않습니까? 일본의 사회보험청
이 일으킨 '사라진 연금' 문제*. 프리드먼이 지적한 바로
그 일이 일본에서 일어난 셈입니다.

노벨 경제학상 수상

프리드먼은 1976년에 노벨상을 받습니다. '이단 경제학자'
가 마침내 세계의 인정을 받은 것입니다. 다만 그의 수상
에는 찬반양론이 있었습니다. 프리드먼의 제자들이 남아
메리카 칠레의 군사정권에서 경제 고문을 맡고 있어 프리
드먼의 영향력이 큰 문제가 되었기 때문입니다.
칠레에서는 1973년에 미국 CIA의 지원을 받는 군부가 민
주적인 선거로 당선된 사회주의자 아옌데 정권에 쿠데타
를 일으켜 아옌데 대통령이 사망하기도 했습니다(자살이

라고 발표되었습니다). 이후 군사정권에 반대하는 사람들을 향한 가차없는 탄압이 이어져 수많은 실종자가 생겼습니다(실종자는 군이 비밀리에 처형했음이 나중에 밝혀집니다). 프리드먼은 군사독재정권과의 관계를 부정했지만 프리드먼이 독재정권을 지원하고 있다는 이유로 수상 반대운동이 일어났습니다.

일본에도 큰 영향력

프리드먼은 『자본주의와 자유』에 이어 1980년에 경제학자인 아내 로즈와 함께 쓴 『선택의 자유Free to Choose』를 펴냅니다. 그의 사상을 더 알기 쉽게 설명한 책으로 상업적으로 더 큰 성공을 거두었습니다. 베스트셀러가 되었지요. 일본에서도 그해에 일본어 번역이 나오자 경제학 책으로서는 이례적으로 베스트셀러가 되었습니다. 이후 일본에서도 자유지상주의자를 낳았습니다.

일본 경제학자 가운데에도 프리드먼의 영향을 받은 사람

이 적지 않고 정계에도 영향을 미쳤습니다. 1980년에 일본을 찾은 프리드먼은 총리 관저에서 스즈키 젠코(鈴木善幸) 총리를 의례 방문했습니다. 이때 스즈키 총리는 그에게 "나는 당신 학설의 지지자입니다"라고 말했습니다. 이후에도 프리드먼은 일본에 올 때마다 역대 총리들을 만났습니다. 현재 일본 정계에는 자민당과 민주당 둘 다에 그의 지지자들이 있습니다.

'티파티'의 사상

현재 미국에서는 증세에 반대하고 감세를 요구하며 '작은 정부'를 추구하는 '티파티' 운동이 활발합니다. 티파티(Tea Party)란 미국이 식민지였던 시대 영국의 무리한 세금 징수에 화가 난 시민들이 보스턴 만에 정박중이던 화물선에 몰래 들어가 영국에서 수입한 홍차를 보스턴 만에 집어던지며 '티파티'라고 부른 일화에서 유래합니다. 이 사건을 계기로 미국은 영국과의 독립전쟁을 하게 됩니다.

무리한 세금 징수에 반대함으로써 미국이 건국되었다는 상징적인 사건입니다.

티파티는 차 모임이라는 뜻인데, 파티에는 '정당'이라는 뜻도 있습니다. 티파티는 '작은 정부'를 추구하는 공화당에서도 지극히 보수적인 파에 속하는 사람들의 정치운동입니다. 그들의 사상은 분명히 자유지상주의입니다. 프리드먼의 경제이론은 이 정치운동을 뒷받침합니다. 이에 반해 민주당 오바마 대통령은 재정지출을 통한 경제정책을 중시합니다. 오바마 대통령 대 티파티의 대립은 현대판 케인스 대 프리드먼의 논쟁이기도 합니다.

프리드먼은 극단적으로 보이는 자신의 주장에서 물러서지 않았고 이윽고 세계에 큰 영향력을 미쳤습니다. 그의 이론은 처음에는 놀랍지만 그 이론의 얼개를 좇아가다보면 그것은 그렇다고 고개를 끄덕이는 일도 많이 있습니다.

한편, 나는 '강자의 논리'라는 인상을 지울 수 없습니다. 프리드먼처럼 자유롭게 판단할 수 있을 만한 정보와 판단력을 지닌 재계 경영자들 같은 '강자'에게는 기꺼운 이론이겠지만 적절히 판단할 만큼의 정보를 얻을 수 없는

이른바 '약자'에게는 상당히 엄한 이론이기도 합니다. 이
것이 결국은 '경제 격차를 확대했다'는 비판으로 이어지겠
지요. 다만 받아들이든 비판하든 먼저 알아두어야 할 이
론 가운데 하나라는 점만은 분명합니다.

출전

ミルトン・フリードマン著, 村井章子訳『資本主義と自由』(日経BP クラシッ
クス); 최정표 옮김, 『자본주의와 자유』, 형설출판사, 1999. 번역에서는
저자의 의도에 충실을 기하기 위해 가능한 한 이 책에서 인용한 내용
을 따랐다. 참고로 인용된 부분에 해당하는 번역서 쪽수를 병기해두
었다.

참고문헌

ラニー・エーベンシュタイン著, 大野一訳『最強の経済学者ミルトン・フ
リードマン』(日経BP クラシックス); Lanny Ebenstein, *Milton Friedman*,
Palgrave Macmillan, 2007.
デヴィッド・ハーヴェイ著, 渡辺治監訳『新自由主義―その歴史的展開と
現在』(作品社); 최병두 옮김, 『신자유주의』, 한울아카데미, 2014.

주

■ 2007년 일본 사회보험청 연금 기록 데이터에 1997년부터 도입된 기
초 연금 번호로 통합, 정리가 되지 않은 연금 기록이 5만여 건이 있다
는 사실이 드러나면서 사회보험청이 연금 기록을 제대로 관리하고 있
지 않다는 문제가 제기되었다. 특히 이 일로 연금을 원래 받아야 할
액수보다 적게 받거나 받다가 사망한 경우 등의 문제가 생겼다. 그뿐
아니라 과거의 장부에서 컴퓨터로 옮기는 과정에서 누락되어 연금을
납부했는데도 연금 기록이 없는 경우도 있어 '사라진 연금' 또는 '공중
에 뜬 연금'이라 불렸다―옮긴이.

“책을 씁시다” 하며 분게이순주(文藝春秋) 출판사의 후지타 도시코(藤田淑子) 씨가 내 앞에 나타난 것이 글쎄 몇 년 전이었을까요.

“그러게요……” 하고 건성으로 대답하는 나. 이런 일이 몇 번이나 반복되다보니 끝내 후지타 씨가 속이 타서 “한 번에 써 내려가기를 기다렸다가는 아무리 시간이 흘러도 책이 안 나오겠습니다. 「CREA」에서 매달 한 권씩 다루다 모두 모이면 책으로 만드세요”라고 명령한 때가 2010년이었습니다.

명령과 협박에 굴하여 낑낑대면서 계속 쓰기를 열 달. 확실히 한 권의 책이 되었습니다.

실무는 우메자키 료코(梅崎涼子) 씨가 담당하고 다루는 책의 순서 등 적절한 조언을 해주었습니다.

2011년 3월 이후 우리는 불안과 혼란 속에 있습니다. 이

런 때일수록 활자의 힘을 다시 보고 싶습니다. 책의 힘을
다시 확인하고 싶습니다.

문고로 다시 내면서 문장을 조금 수정했습니다.

2013년 11월

이케가미 아키라

이 책『세상을 바꾼 10권의 책』은 일본의 유명한 시사평
론가인 이케가미 아키라가 선정한, 세상을 바꾸었다고 할
만큼 세계사에 큰 영향을 준 책 10권에 대한 소개를 담
고 있습니다. 그 책들 중에는 성서나 코란 같은 종교 경전
도 있지만, 조금 뜻밖에도 어린 시절에 많이들 읽곤 하는
『안네의 일기』 같은 책도 있는가 하면, 그야말로 세계사를
뒤흔들어놓은 마르크스의『자본론』과 신자유주의의 경전
이라 할 만한 프리드먼의『자본주의와 자유』가 함께 실려
있기도 합니다. 저자는 어떻게 해서 이 책들이 세계를 바
꾸었다고 할 수 있는지를 이야기하며 책의 내용을 간략
히 소개합니다.

아마도 이 책에서 소개되는 책들이 세상을 바꾼 단 10권
이라는 주장에 동의하기 어려운 사람들도 있을 것입니다.

또한 무엇보다 책이 정말로 세상을 바꿀 수 있는지를 질
문할 수도 있겠습니다. 하나의 책이 담고 있는 내용 때문
에 그것을 읽은 사람들의 생각이 바뀌고, 그에 힘입어 세
상이 크게 변화했다는 이야기는 때로 세상을 바라보는
단순한 관점을 보여줍니다. 책은 그것이 쓰이고 읽히는
다양한 시간적·공간적 맥락 속에서 존재할 뿐 아니라, 그
것을 읽는 사람들과 책이 맺는 관계 또한 종잡을 수 없을
정도로 다양하기 때문입니다. 한 권의 책이 등장하여 시
대를 바꿔놓기 이전에 이미 그 책이 쓰이고 읽힐 만한 조
건이 존재하고 있었으며, 그러한 조건들이 모여 결국 조
금씩 세상을 변화시켜왔다고도 생각할 수 있을 것입니다.

하지만 이렇게 따져 묻기 전에 먼저 저자의 이야기를 한
번 들어봅시다. 마치 온전히 중립적인 입장에서 책을 소
개하는 것처럼 보일 때에도 가끔은 그런 기계적인 중립이
저자의 관점을 역으로 드러낼 수도 있다는 데에 주의하면
서 이 책에 소개되는 한 권 한 권의 책을 따라가다보면,
세상을 얼마나 바꾸었느냐와 무관하게 그 책들이 진지하

게 생각해볼 만한 물음들을 제기하고 있음을 알게 될 것입니다. 그리고 오늘날의 세상을 둘러보면, 이 책에서 간략하게 요약된 책의 내용들이 저자가 조금씩 펼쳐 보이는 것들보다 훨씬 더 복잡한 맥락과 다양한 읽기 속에 존재하고 있음도 조금씩 느껴질 것입니다. 책이 세상을 바꾸든 그렇지 않든 이 책에서 소개되는 어떤 책들은 분명 세상을 바라보는 중요한 관점들을 제시하고 있으며, 만일 사람들이 세상을 바꾸려면 무엇보다 세상을 잘 봐야 한다고 한다면 그런 한에서 이러한 책들은 세상을 더 좋은 방향으로 바꾸는 데에도 역시 기여하고 있다고 생각할 수 있을지도 모르겠습니다.

이 책은 그러한 의미에서 책이 매개할 수 있는 어떤 유토피아적인 상상의 가능성으로 독자들을 이끌어가기 위한 아주 작은 걸음이 될 수도 있으리라 생각됩니다. 그런 점에서 책이나 혹은 독서가 갖는 힘을 좀더 커다란 것으로 상상해본다면, 저자와는 다소 다른 의미에서일 수도 있지만 책이 갖는 힘은 참으로 엄청난 것이라고 말할 수 있을

지도 모르겠습니다. 또한 이 책에서 다룬 책들에 관해 마치 저자와 대화하듯 묻고 답하며 읽는 것은 이 책을 읽는 작은 즐거움 중 하나이지만, 어쩌면 이 책뿐 아니라 각각의 독서를 통해 느낄 수 있는 각기 다른 즐거움들도 결코 작지 않은 힘일 수도 있을 것입니다.

이 책을 통해 책이 세상을 그저 반영하거나 세상의 변화를 이끌어낼 뿐 아니라 세계 그리고 그 속에서 살아가는 사람들과 깊은 관계를 맺고 있음을 새삼스럽게 깨달은 저와 같은 독자들이, 이 책을 시작으로 또다른 독서의 세계로 함께 빠져들기를 기대해봅니다. 이 책에서 다룬 각각의 책들에 더 흥미를 느낄 독자들을 위해, 일본어 원문에 따라 번역한 인용문에 해당하는 국내 번역서의 쪽수를 찾아서 참고로 함께 써두었음을 밝힙니다.

세상을 바꾼 10권의 책

초판 1쇄 발행 2016년 2월 15일
초판 2쇄 발행 2017년 8월 8일

지은이 이케가미 아키라 ｜ 옮긴이 심정명 ｜ 펴낸이 염현숙
편집인 신정민

편집 신정민 박민영 ｜ 디자인 엄자영 김선미 ｜ 저작권 한문숙 김지영
마케팅 방미연 최향모 오혜림 ｜ 홍보 김희숙 김상만 이천희
제작 강신은 김동욱 임현식 ｜ 제작처 영신사

펴낸곳 (주)문학동네
출판등록 1993년 10월 22일 제406-2003-000045호
임프린트 싱긋

주소 10881 경기도 파주시 회동길 210
문의전화 031)955-1935(마케팅) 031)955-3583(편집)
팩스 031)955-8855
전자우편 paper@munhak.com

ISBN 978-89-546-3961-3 03010

www.munhak.com